中小微企业
常见法律实务问答

王新明　刘嘉芬　编著

河北大学出版社
·保定·

图书在版编目（CIP）数据

中小微企业常见法律实务问答 / 王新明，刘嘉芬编著. -- 保定 : 河北大学出版社，2017.7
ISBN 978-7-5666-1078-2

Ⅰ. ①中… Ⅱ. ①王… ②刘… Ⅲ. ①中小企业一企业法一中国一问题解答 Ⅳ. ①D922.291.915

中国版本图书馆 CIP 数据核字 (2016) 第 258940 号

责任编辑：王红梅
封面设计：杨艳霞
责任印制：靳云飞

出版：河北大学出版社（保定市七一东路2666号）
经销：全国新华书店
印制：保定市北方胶印有限公司
开本：170mm×240mm 1/16
印张：11.5
字数：180千字
版次：2017年7月第1版
印次：2017年7月第1次
书号：ISBN 978-7-5666-1078-2
定价：25.00元

前　　言

中小微企业涉及行业广，数量众多，且与我国市场主体的发展和民生利益直接相关。而目前，包括河北省在内的许多中小微企业由于种种原因，并不熟悉甚或根本不知不懂相关法律，更谈不上自觉依法办事、依法经营。现实社会中，因此而吃亏、跌跤的比比皆是。法治是治国理政的基本方式，在我国社会主义法治迅速走向成熟完善的大势面前，依法办事、依法经营成为当前企业特别是中小微企业健康发展必须要解决的重要的历史性课题。大量实例证明：法，当你知道它、掌握它，才能更好地运用它；法，当你正确地使用它，你的合法权益才能得到更好的保障。

我们可以看到，伴随着我国法治国家、法治政府、法治社会的建设历程，中小微企业发展必将由过去的政府主导、政策引导为主向市场化、法治化方向转变，企业也必将向着依法律、守规律的经营方式转型。这就要求中小微企业必须在尊重法律、学习法律的基础上，真正做到依法办事、依法经营。因此，尊法、学法、守法、用法就成为各类企业发展特别是创新转型过程中必须要解决的关键问题。既是当务之急，更是长远之计。

同时，由于历史条件所限，我国目前对中小微企业的法律法规和制度规定还处于分散立法的状态，单行法中许多内容互相重复、互相交叉，甚至因缺乏一致性而互相矛盾，这就给中小微企业在依法办事、依法经营方面造成不少困难。另一方面，当前我国的律师队伍建设远不能适应中小微企业快速发展的需求，同时，没有必要也不可能每个中小微企业都专聘自己的法律顾问，这就形成了中小微企业在办事、生产经营中的一大现实问题。

学法、用法有个循序渐进的过程。基于上述情况，我们根据中小微企业的现状，依照企业申办注册、生产管理等程序，对相关法律、法规、政策制度进行系统梳理，编写了这本集法律规定与企业实务为一体的小册子。本书以问答的方式，对企业实务的相关问题，给予了简洁明确的回答，是企业守法经营入门之钥。另外，本书还为广大中小微企业及政府有关管理人员提供了实用快捷的法律知识和办事指南，使他们能够较快较好地了解相关法律知识，厘清依法办事程序，完备规定资料，熟悉办事路径，借以强化企业守法经营意识，提升依法办事能力。同时，我们认为，企业学法、用法的意义并不仅仅是为了做好企业自己的事。事实告诉我们，身处其中，感受就深，每个公民最有效的法治教育都是在他所关注的个案中完成的。这种法治意识的潜移默化势必由企业发展渗透到企业人的生活方式中，这就意味着依法办事、依法经营的企业人，完全可以循此而使自己成为社会生活中守法的好公民。

当前，我国法制建设已经取得巨大成就，崇尚法律、遵纪守法正在成为全社会各方面的共识。历史必将证明，遵守法律的企业，代表着中国企业健康发展的未来。

作者

目　　录

第一部分　企业的设立、变更与出资

1. 本人资金不是很多，和别人合伙又嫌麻烦，我能申请设立一个个人独资企业吗？设立个人独资企业都要满足哪些条件呢？

答：所称个人独资企业，是指依照《中华人民共和国个人独资企业法》在中国境内设立，由一个自然人投资，财产为投资人个人所有，投资人以其个人财产对企业债务承担无限责任的经营实体。你可以申请设立个人独资企业。

设立个人独资企业应当具备以下五个条件：（1）投资人为一个自然人；（2）有合法的企业名称；（3）有投资人申报的出资；（4）有固定的生产经营场所和必要的生产经营条件；（5）有必要的从业人员。可见，个人独资企业只需一个投资人申请设立，设立的条件要求低，没有资金数额的限制，只要投资人申报出资就可以了，资金是否到位以及资金的数额等，法律都无要求，对于资金较少的个人来说，可以申请设立个人独资企业。

【法律依据】

《中华人民共和国个人独资企业法》

第八条　设立个人独资企业应当具备以下五个条件：

（一）投资人为一个自然人；

（二）有合法的企业名称；

（三）有投资人申报的出资；

（四）有固定的生产经营场所和必要的生产经营条件；

（五）有必要的从业人员。

2. 我本人很忙，如果设立个人独资企业，找别人代我去工商局

登记可以吗？去申请时应该带上哪些材料？

答：可以委托代理人申请设立登记。个人独资企业设立的程序、登记手续等也很简便。申请设立个人独资企业，应当由投资人或者其委托的代理人向个人独资企业所在地的登记机关提交设立申请书、投资身份证明、生产经营场所使用证明等文件。委托代理人申请设立登记时，应当出具投资人的委托书和代理人的合法证明。个人独资企业设立申请书应当载明的事项有：（1）企业的名称和住所；（2）投资人的姓名和居所；（3）投资人的出资额和出资方式；（4）经营范围。

总之，申请时需带好以下资料：（1）设立申请书；（2）投资人身份证明；（3）生产经营场所使用证明等文件；（4）投资人的委托书和代理人的合法证明；（5）从事法律、行政法规规定须报经有关部门审批的业务，应当在申请设立登记时提交有关部门的批准文件。

【法律依据】

《中华人民共和国个人独资企业法》

第九条　申请设立个人独资企业，应当由投资人或者其委托的代理人向个人独资企业所在地的登记机关提交设立申请书、投资人身份证明、生产经营场所使用证明等文件。委托代理人申请设立登记时，应当出具投资人的委托书和代理人的合法证明。

个人独资企业不得从事法律、行政法规禁止经营的业务；从事法律、行政法规规定须报经有关部门审批的业务，应当在申请设立登记时提交有关部门的批准文件。

3. 现在都讲高效行政，我提出个人独资企业设立申请后，多长时间能拿到营业执照？

答：登记机关应当在收到设立申请文件之日起十五日内，对符合本法规定条件的，予以登记，发给营业执照；对不符合本法规定条件的，不予登记，并应当给予书面答复，说明理由。

【法律依据】

《中华人民共和国个人独资企业法》

第十二条　登记机关应当在收到设立申请文件之日起十五日内，对符合本法规定条件的，予以登记，发给营业执照；对不符合本法规定条件的，不予登记，并应当给予书面答复，说明理由。

4. 我的个人独资企业已经初具规模，想在外地设立一个分部，可以吗？是不是还需要登记？

答：可以在外地设立分部。应当由投资人或者其委托的代理人向分支机构所在地的登记机关申请登记，领取营业执照。但分支机构的民事责任由设立该分支机构的个人独资企业承担。

【法律依据】

《中华人民共和国个人独资企业法》

第十四条　个人独资企业设立分支机构，应当由投资人或者其委托的代理人向分支机构所在地的登记机关申请登记，领取营业执照。

分支机构经核准登记后，应将登记情况报该分支机构隶属的个人独资企业的登记机关备案。

分支机构的民事责任由设立该分支机构的个人独资企业承担。

5. 由于拆迁，个人独资企业改变了经营地点，是否应该变更登记？变更登记需要哪些材料？

答：个人独资企业的经营地点变更的，应当办理变更登记，且需在作出变更决定之日起的十五日内依法向登记机关申请办理变更登记。变更登记需要提供以下材料：(1) 投资人签署的《个人独资企业变更登记申请书》；(2) 委托代理人申请变更登记的，应当提交《指定代表或者共同委托代理人的证明》(投资人签名) 及指定代表或委托代理人的身份证复印件 (本人签字)；应标明具体委托事项、被委托人权限、委托期限；(3) 提交新住所使用证明文件；(4) 原《个人独资企业营业执照》正副本；(5) 经营范围涉及法律、行政法规规定须报经有关部门审批的项目的，提交有关部门批准文件、许可证书复印件或许可证明。

【法律依据】

《中华人民共和国个人独资企业法》

第十五条　个人独资企业存续期间登记事项发生变更的，应当在作出变更决定之日起的十五日内依法向登记机关申请办理变更登记。

【规章】

《个人独资企业登记管理办法》

第十三条　个人独资企业变更企业名称、企业住所、经营范围，应当在作出变更决定之日起15日内向原登记机关申请变更登记。

个人独资企业变更投资人姓名和居所、出资额和出资方式，应当在变更事由发生之日起15日内向原登记机关申请变更登记。

第十四条　个人独资企业申请变更登记，应当向登记机关提交下列文件：

（一）投资人签署的变更登记申请书；

（二）国家工商行政管理总局规定提交的其他文件。

从事法律、行政法规规定须报经有关部门审批的业务的，应当提交有关部门的批准文件。

委托代理人申请变更登记的，应当提交投资人的委托书和代理人的身份证明或者资格证明。

第十五条　登记机关应当在收到本办法第十四条规定的全部文件之日起15日内，作出核准登记或者不予登记的决定。予以核准的，换发营业执照或者发给变更登记通知书；不予核准的，发给企业登记驳回通知书。

第十六条　个人独资企业变更住所跨登记机关辖区的，应当向迁入地登记机关申请变更登记。迁入地登记机关受理的，由原登记机关将企业档案移送迁入地登记机关。

第十七条　个人独资企业因转让或者继承致使投资人变化的，个人独资企业可向原登记机关提交转让协议书或者法定继承文件，申请变更登记。

个人独资企业改变出资方式致使个人财产与家庭共有财产变换的，个人独资企业可向原登记机关提交改变出资方式文件，申请变更登记。

6. 听说现在法律规定了一种特殊的合伙，能不能大体介绍一下？

可以谈谈它与一般合伙的区别吗？

答：您所称合伙企业，是指自然人、法人和其他组织依照我国《合伙企业法》在中国境内设立的普通合伙企业和有限合伙企业。

普通合伙企业由普通合伙人组成，合伙人对合伙企业债务承担无限连带责任。所谓特殊的合伙是指：有限合伙企业由普通合伙人和有限合伙人组成，普通合伙人对合伙企业债务承担无限连带责任，有限合伙人以其认缴的出资额为限对合伙企业债务承担责任。

主要有以下几方面（见下表）：

普通合伙企业与有限合伙企业的区别

区别	普通合伙	有限合伙
主体不同	自然人、法人和其他组织	由普通的合伙人和有限合伙人组成
出资范围不同	可以用劳务出资	不能以劳务出资
责任承担方式不同	无限连带责任	以其认缴的出资额为限对合伙企业债务承担责任
能否同本企业交易	不得同本企业进行交易，但另有约定除外	可以同本企业进行交易，但另有约定除外
竞业禁止限制不同	不得自营或者同他人合营与本合伙企业相竞争的业务	可以自营或者同他人合营与本合伙企业相竞争的业务，但是合伙协议另有约定的除外
利润分配不同	不得约定将全部利润分配给部分合伙人	不得将全部利润分配给部分合伙人，但是合伙协议另有约定的除外
能否以财产份额出质	须经其他合伙人一致同意；未经其他合伙人一致同意，其行为无效	可以将其在有限合伙企业中的财产份额出质，但是合伙协议另有约定的除外

【法律依据】

《中华人民共和国合伙企业法》

第二条　本法所称合伙企业，是指自然人、法人和其他组织依照本法在中国境内设立的普通合伙企业和有限合伙企业。

普通合伙企业由普通合伙人组成，合伙人对合伙企业债务承担无限连带责任。本法对普通合伙人承担责任的形式有特别规定的，从其规定。

有限合伙企业由普通合伙人和有限合伙人组成，普通合伙人对合伙企业债务承担无限连带责任，有限合伙人以其认缴的出资额为限对合伙企业债务承担责任。

7. 有限合伙企业在申请设立登记的时候，对于合伙人的人数有不同于普通合伙企业的要求吗？

答：有限合伙企业由二个以上五十个以下合伙人设立，但法律另有规定的除外；有限合伙企业至少应当有一个普通合伙人，而普通合伙企业只要求有二个以上合伙人即可。

【法律依据】

《中华人民共和国合伙企业法》

第十四条　设立合伙企业，应当具备下列条件：

（一）有二个以上合伙人。合伙人为自然人的，应当具有完全民事行为能力；

（二）有书面合伙协议；

（三）有合伙人认缴或者实际缴付的出资；

（四）有合伙企业的名称和生产经营场所；

（五）法律、行政法规规定的其他条件。

第十五条　合伙企业名称中应当标明“普通合伙”字样。

第六十条　有限合伙企业及其合伙人适用本章规定；本章未作规定的，适用本法第二章第一节至第五节关于普通合伙企业及其合伙人的规定。

第六十一条　有限合伙企业由二个以上五十个以下合伙人设立；但是，法律另有规定的除外。

有限合伙企业至少应当有一个普通合伙人。

第六十二条　有限合伙企业名称中应当标明“有限合伙”字样。

8. 学校可以作为合伙企业的合伙人吗？

答：学校不可以作为合伙企业的合伙人。根据我国法律规定“国有独资公司、国有企业、上市公司以及公益性的事业单位、社会团体不得成为普通合伙人”，学校属于公益性的事业单位，所以学校不可以作为合伙企业的合伙人。

【法律依据】

《中华人民共和国合伙企业法》

第三条　国有独资公司、国有企业、上市公司以及公益性的事业单位、社会团体不得成为普通合伙人。

9. 几个朋友和我商量要设立一个普通合伙企业，我们应当满足哪些条件？

答：设立合伙企业，应当具备下列条件：

（1）有二个以上合伙人。合伙人为自然人的，应当具有完全民事行为能力；（2）有书面合伙协议；（3）有合伙人认缴或者实际缴付的出资；（4）有合伙企业的名称和生产经营场所；（5）法律、行政法规规定的其他条件。具备这些条件可以向工商管理局申请设立合伙企业了。

【法律依据】

《中华人民共和国合伙企业法》

第十四条　设立合伙企业，应当具备下列条件：

（一）有二个以上合伙人。合伙人为自然人的，应当具有完全民事行为能力；

（二）有书面合伙协议；

（三）有合伙人认缴或者实际缴付的出资；

（四）有合伙企业的名称和生产经营场所；

（五）法律、行政法规规定的其他条件。

10. 设立合伙企业一定要有合伙协议吗？订立合伙协议应当约定哪些内容？是不是申请登记的时候必须带上合伙协议？

答：目前许多人创业时，会选择前期资金投入较少的创业方式，会选择合伙人企业的形式，比较切合实际。设立合伙企业首先要做的便是签订一份合伙协议。订立合伙协议应由全体合伙人充分协商，就合伙目的与经营范围、出资数额、方式与期限、利润分配和亏损分担办法、入伙与退伙、解散与清算、违约责任等合伙事宜达成一致，并必须订立书面协议。

合伙协议应当约定以下内容：(1) 合伙企业的名称和主要经营场所的地点；(2) 合伙目的和合伙经营范围；(3) 合伙人的姓名或者名称、住所；(4) 合伙人的出资方式、数额和缴付期限；(5) 利润分配、亏损分担方式；(6) 合伙事务的执行；(7) 入伙与退伙；(8) 争议解决办法；(9) 合伙企业的解散与清算；(10) 违约责任。

申请设立合伙企业，应当向企业登记机关提交登记申请书、合伙协议书、合伙人身份证明等文件。合伙企业的经营范围中有属于法律、行政法规规定在登记前须经批准的项目的，该项经营业务应当依法经过批准，并在登记时提交批准文件。

【法律依据】

《中华人民共和国合伙企业法》

第十四条　设立合伙企业，应当具备下列条件：

（一）有二个以上合伙人。合伙人为自然人的，应当具有完全民事行为能力；

（二）有书面合伙协议；

（三）有合伙人认缴或者实际缴付的出资；

（四）有合伙企业的名称和生产经营场所；

（五）法律、行政法规规定的其他条件。

第十八条　合伙协议应当载明下列事项：

（一）合伙企业的名称和主要经营场所的地点；

（二）合伙目的和合伙经营范围；

（三）合伙人的姓名或者名称、住所；

（四）合伙人的出资方式、数额和缴付期限；

（五）利润分配、亏损分担方式；

（六）合伙事务的执行；

（七）入伙与退伙；

（八）争议解决办法；

（九）合伙企业的解散与清算；

（十）违约责任。

第十九条 合伙协议经全体合伙人签名、盖章后生效。合伙人按照合伙协议享有权利，履行义务。

修改或者补充合伙协议，应当经全体合伙人一致同意；但是，合伙协议另有约定的除外。

合伙协议未约定或者约定不明确的事项，由合伙人协商决定；协商不成的，依照本法和其他有关法律、行政法规的规定处理。

11. 合伙企业的某个合伙人因为与他人意见不合，准备退伙，他是否需要申请变更登记？变更登记需要哪些文件呢？

答：退伙，是指在合伙企业存续期间，合伙人因一定的法律事实而退出合伙企业，从而消灭合伙人资格的法律行为。退伙一般分为自愿退伙、法定退伙两大类。无论哪种退伙形式，退伙的效力都是合伙人资格丧失。

某合伙人与其他合伙人因意见不合准备退伙属于自愿退伙，是指某合伙人单方的退伙意愿，其实质是终止与其他合伙人之间的合伙协议，退出合伙企业的单方法律行为，是需要申请变更登记的。变更登记需提交以下文件：(1)《合伙企业变更登记申请书》；(2) 全体合伙人签署的变更决定书或者变更事由发生的证明文件；(3) 拟退伙人的《退伙申请书》；(4)《合伙协议》《全体合伙人和执行合伙企业事务的合伙人名录》《退伙协议》；(5) 营业执照副本复印件；(6) 国家工商行政管理总局规定提交的其他文件。

【法律依据】

《中华人民共和国合伙企业法》

第四十五条 合伙协议约定合伙期限的，在合伙企业存续期间，有下列情形之一的，合伙人可以退伙：

（一）合伙协议约定的退伙事由出现；

（二）经全体合伙人一致同意；

（三）发生合伙人难以继续参加合伙的事由；

（四）其他合伙人严重违反合伙协议约定的义务。

第四十六条　合伙协议未约定合伙期限的，合伙人在不给合伙企业事务执行造成不利影响的情况下，可以退伙，但应当提前三十日通知其他合伙人。

第四十七条　合伙人违反本法第四十五条、第四十六条的规定退伙的，应当赔偿由此给合伙企业造成的损失。

【法规依据】

《中华人民共和国合伙企业登记管理办法》

第十八条　合伙企业登记事项发生变更的，执行合伙事务的合伙人应当自作出变更决定或者发生变更事由之日起15日内，向原企业登记机关申请变更登记。

第十九条　合伙企业申请变更登记，应当向原企业登记机关提交下列文件：

（一）执行事务合伙人或者委派代表签署的变更登记申请书；

（二）全体合伙人签署的变更决定书，或者合伙协议约定的人员签署的变更决定书；

（三）国务院工商行政管理部门规定提交的其他文件。

法律、行政法规或者国务院规定变更事项须经批准的，还应当提交有关批准文件。

第二十条　申请人提交的申请材料齐全、符合法定形式，企业登记机关能够当场变更登记的，应予当场变更登记。

除前款规定情形外，企业登记机关应当自受理申请之日起20日内，作出是否变更登记的决定。予以变更登记的，应当进行变更登记；不予变更登记的，应当给予书面答复，并说明理由。

合伙企业变更登记事项涉及营业执照变更的，企业登记机关应当换发营业执照。

12. 我国《公司法》对于公司的登记事项都有哪些规定？对每一项都有何要求，能分别谈谈吗？

答：有限责任公司，简称有限公司，是指根据《中华人民共和国公司法》

在中国境内设立的，并以《中华人民共和国公司登记管理条例》规定登记注册，由五十个以下的股东出资设立，每个股东以其所认缴的出资额为限对公司承担有限责任，公司以其全部资产对其债务承担责任的经济组织。

根据我国《公司法》规定，公司的登记事项包括：名称、住所、注册资本、经营范围、法定代表人姓名等。对上述各登记事项的要求如下：

（1）关于名称：依法设立的有限责任公司，必须在公司名称中标明有限责任公司或者有限公司字样；依法设立的股份有限公司，必须在公司名称中标明股份有限公司或者股份公司字样。

（2）关于住所：以其主要办事机构所在地为住所。

（3）关于注册资本：有限责任公司的注册资本为在公司登记机关登记的全体股东认缴的出资额。法律、行政法规以及国务院决定对有限责任公司注册资本实缴、注册资本最低限额另有规定的，从其规定。

股份有限公司采取发起设立方式设立的，注册资本为在公司登记机关登记的全体发起人认购的股本总额；股份有限公司采取募集方式设立的，注册资本为在公司登记机关登记的实收股本总额。法律、行政法规以及国务院决定对股份有限公司注册资本实缴、注册资本最低限额另有规定的，从其规定。

（4）关于经营范围：公司的经营范围由公司章程规定，并依法登记。公司可以修改公司章程，改变经营范围，但是应当办理变更登记。公司的经营范围中属于法律、行政法规规定须经批准的项目，应当依法经过批准。

（5）关于法定代表人：公司法定代表人依照公司章程的规定，由董事长、执行董事或者经理担任，并依法登记。公司法定代表人变更，应当办理变更登记。

【法律依据】

《中华人民共和国公司法》

第七条　依法设立的公司，由公司登记机关发给公司营业执照。公司营业执照签发日期为公司成立日期。

公司营业执照应当载明公司的名称、住所、注册资本、经营范围、法定代表人姓名等事项。

公司营业执照记载的事项发生变更的，公司应当依法办理变更登记，由公司登记机关换发营业执照。

第八条　依照本法设立的有限责任公司，必须在公司名称中标明有限责任公司或者有限公司字样。

依照本法设立的股份有限公司，必须在公司名称中标明股份有限公司或者股份公司字样。

第十条　公司以其主要办事机构所在地为住所。

第十二条　公司的经营范围由公司章程规定，并依法登记。公司可以修改公司章程，改变经营范围，但是应当办理变更登记。

公司的经营范围中属于法律、行政法规规定须经批准的项目，应当依法经过批准。

第十三条　公司法定代表人依照公司章程的规定，由董事长、执行董事或者经理担任，并依法登记。公司法定代表人变更，应当办理变更登记。

第二十六条　有限责任公司的注册资本为在公司登记机关登记的全体股东认缴的出资额。

法律、行政法规以及国务院决定对有限责任公司注册资本实缴、注册资本最低限额另有规定的，从其规定。

第八十条　股份有限公司采取发起设立方式设立的，注册资本为在公司登记机关登记的全体发起人认购的股本总额。在发起人认购的股份缴足前，不得向他人募集股份。

股份有限公司采取募集方式设立的，注册资本为在公司登记机关登记的实收股本总额。

法律、行政法规以及国务院决定对股份有限公司注册资本实缴、注册资本最低限额另有规定的，从其规定。

13. 我带着有关材料去工商局申请设立公司，工作人员告诉我，公司的名称没有申请预先核准，不予受理，这是怎么回事啊？

答：设立公司应当申请名称预先核准。名称预先核准登记是指设立公司在办理设立登记前，预先向公司登记注册机关申报公司的名称，经审查核准后，领取《名称预先核准通知书》的过程。名称核准登记注册后，方可办理公司设立事宜。

【法规依据】

《中华人民共和国公司登记管理条例》

第十七条　设立公司应当申请名称预先核准。

法律、行政法规或者国务院决定规定设立公司必须报经批准，或者公司经营范围中属于法律、行政法规或者国务院决定规定在登记前须经批准的项目的，应当在报送批准前办理公司名称预先核准，并以公司登记机关核准的公司名称报送批准。

14. 我们知道，对公司名称申请预先核准是为了加强和完善企业名称的登记管理，保护企业名称所有人的合法权益，维护公平竞争秩序，那么，申请预先核准都需要哪些材料呢？

答：申请名称预先核准，应当提交下列文件：

（1）有限责任公司的全体股东或者股份有限公司的全体发起人签署的公司名称预先核准申请书；

（2）全体股东或者发起人指定代表或者共同委托代理人的证明；

（3）国家工商行政管理总局规定要求提交的其他文件。

【法规依据】

《中华人民共和国公司登记管理条例》

第十八条　设立有限责任公司，应当由全体股东指定的代表或者共同委托的代理人向公司登记机关申请名称预先核准；设立股份有限公司，应当由全体发起人指定的代表或者共同委托的代理人向公司登记机关申请名称预先核准。

申请名称预先核准，应当提交下列文件：

（一）有限责任公司的全体股东或者股份有限公司的全体发起人签署的公司名称预先核准申请书；

（二）全体股东或者发起人指定代表或者共同委托代理人的证明；

（三）国家工商行政管理总局规定要求提交的其他文件。

15. 工商管理部门已经预先核准了我公司的名称，那么我公司能否将该名称转让他人呢?

答：预先核准的公司名称的保留期为六个月，保留期内，不得转让。

【法规依据】

《中华人民共和国公司登记管理条例》

第十九条　预先核准的公司名称保留期为6个月。预先核准的公司名称在保留期内，不得用于从事经营活动，不得转让。

16. 为什么我们公司叫“xxx市水泥制造有限公司”，工商部门不予核准？公司的名称一般由哪几部分组成?

答：公司名称应当由行政区划、字号、行业、组织形式依次组成，“xxx市水泥制造有限公司”的公司名称中缺失字号，不符合《企业名称登记管理实施办法》的相关规定，因此工商部门不予以核准。

【规章】

《企业名称登记管理实施办法》

第九条　企业名称应当由行政区划、字号、行业、组织形式依次组成，法律、行政法规和本办法另有规定的除外。

17. 大家都觉得公司以“中国”或“中华”字眼开头显得大气，但是不能随意使用，那么，我国法律对于公司名称中的“行政区划”有什么限制?

答：公司名称中的行政区划是本公司所在地县级以上行政区划的名称或地名。市辖区的名称不能单独用作企业名称中的行政区划。

【规章】

《企业名称登记管理实施办法》

第十一条　企业名称中的行政区划是本企业所在地县级以上行政区划的名称或地名。

市辖区的名称不能单独用作企业名称中的行政区划。市辖区名称与市行政区划连用的企业名称，由市工商行政管理局核准。

省、市、县行政区划连用的企业名称，由最高级别行政区的工商行政管理局核准。

18. “美国福特汽车公司”是以其创立者的姓名命名的，我国法律允许这样给公司命名吗？

答：企业的名称可能就是一笔财富，随着企业间竞争日趋激烈，企业名称所能带来的经济利益越来越得到人们的重视。在我国也可以以自然人的姓名作字号，我国法律允许以自然人投资人的姓名作字号。

【规章】

《企业名称登记管理实施办法》

第十五条　企业名称可以使用自然人投资人的姓名作字号。

19. 我公司新近合并了另一家公司，准备变更公司名称，但当初核准公司名称的与进行公司登记的不是同一个工商局，我们该怎么办？

答：企业名称预先核准与企业登记注册不在同一工商行政管理机关办理的，登记机关应当自企业登记注册之日起 30 日内，将有关登记情况送核准企业名称的工商行政管理机关备案。

【规章】

《企业名称登记管理实施办法》

第二十五条　申请企业设立登记，已办理企业名称预先核准的，应当提交《企业名称预先核准通知书》。

设立企业名称涉及法律、行政法规规定必须报经审批，未能提交审批文件的，登记机关不得以预先核准的企业名称登记注册。

企业名称预先核准与企业登记注册不在同一工商行政管理机关办理的，登记机关应当自企业登记注册之日起 30 日内，将有关登记情况送核准企业名称的工商行政管理机关备案。

20. 我们准备成立“石家庄市好湖华医药销售有限公司”，但是半年前在石家庄曾经有家公司叫这个名字，但现在他们改名称了，问我们可否以此名称登记？

答：不可以。根据我国工商行政管理机关规定“与其他企业变更名称未满1年的原名称相同的，不予核准”，原名称“石家庄市好湖华医药销售有限公司”变更仅半年，不足1年，因此新设立公司不能以此名登记。

【规章】

《企业名称登记管理实施办法》

第三十一条　企业名称有下列情形之一的，不予核准：

（一）与同一工商行政管理机关核准或者登记注册的同行业企业名称字号相同，有投资关系的除外；

（二）与同一工商行政管理机关核准或者登记注册符合本办法第十八条的企业名称字号相同，有投资关系的除外；

（三）与其他企业变更名称未满1年的原名称相同；

（四）与注销登记或者被吊销营业执照未满3年的企业名称相同；

（五）其他违反法律、行政法规的。

21. 设立有限责任公司应当具备哪些条件？

答：设立有限责任公司，应当具备下列条件：

（1）股东符合法定人数；（2）有符合公司章程规定的全体股东认缴的出资额；（3）股东共同制定公司章程；（4）有公司名称，建立符合有限责任公司要求的组织机构；（5）有公司住所。

【法律依据】

《中华人民共和国公司法》

第二十三条　设立有限责任公司，应当具备下列条件：

（一）股东符合法定人数；

（二）有符合公司章程规定的全体股东认缴的出资额；

（三）股东共同制定公司章程；

（四）有公司名称，建立符合有限责任公司要求的组织机构；

（五）有公司住所。

22. 有限责任公司的章程里具体应当规定哪些内容？

答：公司章程是规范本公司的组织和活动的基本规则，公司投资人可以在公司章程里明确根据本公司特点建立具有可操作性、细化的公司章程，以利于风险控制。

有限责任公司章程应当载明下列事项：（1）公司名称和住所；（2）公司经营范围；（3）公司注册资本；（4）股东的姓名或者名称；（5）股东的出资方式、出资额和出资时间；（6）公司的机构及其产生办法、职权、议事规则；（7）公司法定代表人；（8）股东会会议认为需要规定的其他事项。所有的股东应当在公司章程上签名、盖章。

【法律依据】

《中华人民共和国公司法》

第二十五条　有限责任公司章程应当载明下列事项：

（一）公司名称和住所；

（二）公司经营范围；

（三）公司注册资本；

（四）股东的姓名或者名称；

（五）股东的出资方式、出资额和出资时间；

（六）公司的机构及其产生办法、职权、议事规则；

（七）公司法定代表人；

（八）股东会会议认为需要规定的其他事项。

股东应当在公司章程上签名、盖章。

23. 我公司筹备设立的前期工作已经基本完成，去公司登记机关时应当带上哪些文件？

答：由全体股东指定的代表或者共同委托的代理人向公司登记机关报送公

司登记申请书、公司章程等文件，申请设立登记。

【法律依据】

《中华人民共和国公司法》

第三十条　股东的首次出资经依法设立的验资机构验资后，由全体股东指定的代表或者共同委托的代理人向公司登记机关报送公司登记申请书、公司章程、验资证明等文件，申请设立登记。

24. 我公司一自然人股东去世，其股东资格由其子女继承，在向公司登记机关申请变更时提交哪些文件？

答：根据我国现行法律法规规定，你公司自然人股东死亡，其股东资格由其子或其女继承，属股东变更事项，必须向公司登记机关提请变更登记。

我国现行法律法规规定，公司名称、住所、法定代表人、注册资本、营业期限、经营范围、企业类型、股东以及涉及分公司登记事项变更的，均应当向公司登记机关提交下列文件：

（1）公司法定代表人签署的变更登记申请书；

（2）依照《公司法》作出的变更决议或者决定；

（3）国家工商行政管理总局规定要求提交的其他文件。

公司变更登记事项涉及修改公司章程的，应当提交由公司法定代表人签署的修改后的公司章程或者公司章程修正案。

变更登记事项依照法律、行政法规或者国务院决定规定在登记前须经批准的，还应当向公司登记机关提交有关批准文件。

【法规依据】

《中华人民共和国公司登记管理条例》

第二十七条　公司申请变更登记，应当向公司登记机关提交下列文件：

（一）公司法定代表人签署的变更登记申请书；

（二）依照《公司法》作出的变更决议或者决定；

（三）国家工商行政管理总局规定要求提交的其他文件。

公司变更登记事项涉及修改公司章程的，应当提交由公司法定代表人签署的修改后的公司章程或者公司章程修正案。

变更登记事项依照法律、行政法规或者国务院决定规定在登记前须经批准的，还应当向公司登记机关提交有关批准文件。

25. 我公司一直在河北省省会石家庄开展业务，现在想在外地设立一家分公司，应当如何登记？具体需要提交哪些文件？

答：1. 公司设立分公司的，应当自决定作出之日起 30 日内向分公司所在地的公司登记机关申请登记；法律、行政法规或者国务院决定规定必须报经有关部门批准的，应当自批准之日起 30 日内向公司登记机关申请登记。

2. 设立分公司，应当向公司登记机关提交下列文件：

（1）公司法定代表人签署的设立分公司的登记申请书；

（2）公司章程以及加盖公司印章的《企业法人营业执照》复印件；

（3）营业场所使用证明；

（4）分公司负责人任职文件和身份证明；

（5）国家工商行政管理总局规定要求提交的其他文件。

法律、行政法规或者国务院决定规定设立分公司必须报经批准，或者分公司经营范围中属于法律、行政法规或者国务院决定规定在登记前须经批准的项目的，还应当提交有关批准文件。

【法规依据】

《中华人民共和国公司登记管理条例》

第四十七条　公司设立分公司的，应当自决定作出之日起 30 日内向分公司所在地的公司登记机关申请登记；法律、行政法规或者国务院决定规定必须报经有关部门批准的，应当自批准之日起 30 日内向公司登记机关申请登记。

设立分公司，应当向公司登记机关提交下列文件：

（一）公司法定代表人签署的设立分公司的登记申请书；

（二）公司章程以及加盖公司印章的《企业法人营业执照》复印件；

（三）营业场所使用证明；

（四）分公司负责人任职文件和身份证明；

（五）国家工商行政管理总局规定要求提交的其他文件。

法律、行政法规或者国务院决定规定设立分公司必须报经批准，或者分公司司经营范围中属于法律、行政法规或者国务院决定规定在登记前须经批准的项目的，还应当提交有关批准文件。

26. 因为公司工作人员的疏忽，在向登记机关提交的材料中缺少两个文件，请问登记机关会怎么处理我们的申请呢？

答：申请文件、材料不齐全的，登记机关应当当场或者在5日内一次告知申请人需要补正的全部内容；当场告知时，应当将申请文件、材料退回申请人；属于5日内告知的，应当收取申请文件、材料并出具收到申请文件、材料的凭据，逾期不告知的，自收到申请文件、材料之日起即为受理。

【法规依据】

《中华人民共和国公司登记管理条例》

第五十一条　公司登记机关应当根据下列情况分别作出是否受理的决定：

（一）申请文件、材料齐全，符合法定形式的，或者申请人按照公司登记机关的要求提交全部补正申请文件、材料的，应当决定予以受理。

（二）申请文件、材料齐全，符合法定形式，但公司登记机关认为申请文件、材料需要核实的，应当决定予以受理，同时书面告知申请人需要核实的事项、理由以及时间。

（三）申请文件、材料存在可以当场更正的错误的，应当允许申请人当场予以更正，由申请人在更正处签名或者盖章，注明更正日期；经确认申请文件、材料齐全，符合法定形式的，应当决定予以受理。

（四）申请文件、材料不齐全或者不符合法定形式的，应当当场或者在5日内一次告知申请人需要补正的全部内容；当场告知时，应当将申请文件、材料退回申请人；属于5日内告知的，应当收取申请文件、材料并出具收到申请文件、材料的凭据，逾期不告知的，自收到申请文件、材料之日起即为受理。

（五）不属于公司登记范畴或者不属于本机关登记管辖范围的事项，应当即时决定不予受理，并告知申请人向有关行政机关申请。

公司登记机关对通过信函、电报、电传、传真、电子数据交换和电子邮件等方式提出申请的，应当自收到申请文件、材料之日起5日内作出是否受理的决定。

27. 我刚刚大学毕业，上学期间勤工俭学积蓄了一笔钱，现在用这些钱设立一个个人独资企业，将来不会让我家人替我偿还企业债务吧？

答：不会。我国法律规定“个人独资企业，是指依照本法在中国境内设立，由一个自然人投资，财产为投资人个人所有，投资人以其个人财产对企业债务承担无限责任的经营实体”。因此个人独资企业仅以投资人个人财产对企业债务承担无限连带责任，不会让投资人的家人偿还企业债务。

【法律依据】

《中华人民共和国个人独资企业法》

第二条　个人独资企业，是指依照本法在中国境内设立，由一个自然人投资，财产为投资人个人所有，投资人以其个人财产对企业债务承担无限责任的经营实体。

28. 曾经从事过多年的服装设计工作，我在朋友开设的服装加工合伙企业中能否以劳务出资，担任设计师？

答：可以。我国法律规定“合伙人可以用货币、实物、知识产权、土地使用权或者其他财产权利出资，也可以用劳务出资”。因此，合伙企业的合伙人可以以劳务形式出资。

【法律依据】

《中华人民共和国合伙企业法》

第十六条　合伙人可以用货币、实物、知识产权、土地使用权或者其他财产权利出资，也可以用劳务出资。

合伙人以实物、知识产权、土地使用权或者其他财产权利出资，需要评估作价的，可以由全体合伙人协商确定，也可以由全体合伙人委托法定评估机构评估。

合伙人以劳务出资的，其评估办法由全体合伙人协商确定，并在合伙协议中载明。

29. 合伙人转让合伙企业中的财产份额时，其他合伙人是否比合伙企业以外的其他人有优先权利？如果合伙企业以外的受让人想成为合伙人应当具备哪些条件？

答：1. 我国法律规定“合伙人向合伙人以外的人转让其在合伙企业中的财产份额的，在同等条件下，其他合伙人有优先购买权；但是，合伙协议另有约定的除外”。因此，合伙人转让合伙企业中的财产份额时，其他合伙人比合伙企业以外的其他人有优先权利，除非合伙协议另有约定。

2. 我国法律规定“合伙人以外的人依法受让合伙人在合伙企业中的财产份额的，经修改合伙协议即成为合伙企业的合伙人，依照本法和修改后的合伙协议享有权利，履行义务”。据此，合伙企业以外的受让人想成为合伙人应当具备两个条件：其一，依法受让合伙人在合伙企业中的财产份额；其二，修改合伙协议。如此，方能成为合伙企业的合伙人。

【法律依据】

《中华人民共和国合伙企业法》

第二十三条　合伙人向合伙人以外的人转让其在合伙企业中的财产份额的，在同等条件下，其他合伙人有优先购买权；但是，合伙协议另有约定的除外。

第二十四条　合伙人以外的人依法受让合伙人在合伙企业中的财产份额的，经修改合伙协议即成为合伙企业的合伙人，依照本法和修改后的合伙协议享有权利，履行义务。

30. 合伙人认缴出资后，可以减少对合伙企业的出资吗？

答：不可以。我国法律规定“合伙人应当按照合伙协议约定的出资方式、数额和缴付期限，履行出资义务”。因此，合伙人认缴出资后，不可以减少对合伙企业的出资。

【法律依据】

《中华人民共和国合伙企业法》

第十七条　合伙人应当按照合伙协议约定的出资方式、数额和缴付期限，履行出资义务。

以非货币财产出资的，依照法律、行政法规的规定，需要办理财产权转移手续的，应当依法办理。

31. 合伙人能否以其在合伙企业中的份额为个人债务出质？

答：合伙人如欲以其在合伙企业中的份额为个人债务出质，必须经过其他合伙人的一致同意；未经其他合伙人一致同意的，其行为无效。

【法律依据】

《中华人民共和国合伙企业法》

第二十五条　合伙人以其在合伙企业中的财产份额出质的，须经其他合伙人一致同意；未经其他合伙人一致同意，其行为无效，由此给善意第三人造成损失的，由行为人依法承担赔偿责任。

32. 我个人曾经申请过一项专利技术，现在可以该项专利作为出资吗？在公司的注册资本中，这项专利最多可占多大比例？

答：专利是一项财产权利，属于知识产权，专利可以作为出资方式。我国法律规定："股东可以用货币出资，也可以用实物、知识产权、土地使用权等可以用货币估价并可以依法转让的非货币财产作价出资；但是法律、行政法规规定不得作为出资的财产除外。"

对作为出资的非货币财产应当评估作价，核实财产，不得高估或者低估作价。法律、行政法规对评估作价有规定的，从其规定。因此，专利不仅可以作为出资方式，而且新修改的《公司法》还取消了对以专利出资的比例限制，这就意味着专利出资可以在注册资本中最多占比达100％。

【法律依据】

《中华人民共和国公司法》

第二十七条　股东可以用货币出资，也可以用实物、知识产权、土地使用权等可以用货币估价并可以依法转让的非货币财产作价出资；但是，法律、行政法规规定不得作为出资的财产除外。

对作为出资的非货币财产应当评估作价，核实财产，不得高估或者低估作价。法律、行政法规对评估作价有规定的，从其规定。

33. 我们公司成立时，某个出资人以价值30万元的厂房出资，并且记载到公司章程上，公司设立后发现此厂房仅值20万元，请问该出资人是否应当承担法律责任？

答：应当承担法律责任。我国法律规定“有限责任公司成立后，发现作为设立公司出资的非货币财产的实际价额显著低于公司章程所定价额的，应当由交付该出资的股东补足其差额；公司设立时的其他股东承担连带责任”。

【法律依据】

《中华人民共和国公司法》

第三十条　有限责任公司成立后，发现作为设立公司出资的非货币财产的实际价额显著低于公司章程所定价额的，应当由交付该出资的股东补足其差额；公司设立时的其他股东承担连带责任。

34. 股东出资后，公司应当签发证明文书吗？除此，还可以通过哪些途径证明股东资格？

答：我国法律规定“有限责任公司成立后，应当向股东签发出资证明书”。因此，股东出资后，应当向股东签发出资证明书。除此，法律还规定，公司章程应当载明股东的姓名或名称；有限责任公司应当置备股东名册，记载股东的姓名或者名称及住所，公司应当将股东的姓名或者名称向公司登记机关登记。据此，证明股东资格还可以通过公司章程、股东名册、工商登记的途径。

【法律依据】

《中华人民共和国公司法》

第二十五条　有限责任公司章程应当载明下列事项：

（一）公司名称和住所；

（二）公司经营范围；

（三）公司注册资本；

（四）股东的姓名或者名称；

（五）股东的出资方式、出资额和出资时间；

（六）公司的机构及其产生办法、职权、议事规则；

（七）公司法定代表人；

（八）股东会会议认为需要规定的其他事项。

股东应当在公司章程上签名、盖章。

第三十一条　有限责任公司成立后，应当向股东签发出资证明书。

出资证明书应当载明下列事项：

（一）公司名称；

（二）公司成立日期；

（三）公司注册资本；

（四）股东的姓名或者名称、缴纳的出资额和出资日期；

（五）出资证明书的编号和核发日期。

出资证明书由公司盖章。

第三十二条　有限责任公司应当置备股东名册，记载下列事项：

（一）股东的姓名或者名称及住所；

（二）股东的出资额；

（三）出资证明书编号。

记载于股东名册的股东，可以依股东名册主张行使股东权利。

公司应当将股东的姓名或者名称向公司登记机关登记；登记事项发生变更的，应当办理变更登记。未经登记或者变更登记的，不得对抗第三人。

35. 我公司准备减少注册资本，应当如何操作？

答：公司减少注册资本，首先应当编制资产负债表及财产清单，其次需要股东会作出决议，在法定时间内通知债权人并进行公告，最后需要向登记机关依法办理变更登记。

【法律依据】

《中华人民共和国公司法》

第一百七十七条　公司需要减少注册资本时，必须编制资产负债表及财产清单。

公司应当自作出减少注册资本决议之日起十日内通知债权人，并于三十日内在报纸上公告。债权人自接到通知书之日起三十日内，未接到通知书的自公告之日起四十五日内，有权要求公司清偿债务或者提供相应的担保。

第一百七十九条第二款　公司增加或者减少注册资本，应当依法向公司登记机关办理变更登记。

第二部分　公司及企业的运营

36. 我们刚成立了一个有限责任公司，一共五个股东，成立了股东会，股东会的职权具体都有哪些？

答：有限责任公司股东会由全体股东组成。股东会是公司的权力机构，依照公司法行使职权。我国法律规定股东会行使下列职权：

（一）决定公司的经营方针和投资计划；

（二）选举和更换非由职工代表担任的董事、监事，决定有关董事、监事的报酬事项；

（三）审议批准董事会的报告；

（四）审议批准监事会或者监事的报告；

（五）审议批准公司的年度财务预算方案、决算方案；

（六）审议批准公司的利润分配方案和弥补亏损方案；

（七）对公司增加或者减少注册资本作出决议；

（八）对发行公司债券作出决议；

（九）对公司合并、分立、解散、清算或者变更公司形式作出决议；

（十）修改公司章程；

（十一）公司章程规定的其他职权。

对前款所列事项股东以书面形式一致表示同意的，可以不召开股东会会议，直接作出决定，并由全体股东在决定文件上签名、盖章。

【法律依据】

《中华人民共和国公司法》

第三十七条　股东会行使下列职权：

（一）决定公司的经营方针和投资计划；

（二）选举和更换非由职工代表担任的董事、监事，决定有关董事、监事的报酬事项；

（三）审议批准董事会的报告；

（四）审议批准监事会或者监事的报告；

（五）审议批准公司的年度财务预算方案、决算方案；

（六）审议批准公司的利润分配方案和弥补亏损方案；

（七）对公司增加或者减少注册资本作出决议；

（八）对发行公司债券作出决议；

（九）对公司合并、分立、解散、清算或者变更公司形式作出决议；

（十）修改公司章程；

（十一）公司章程规定的其他职权。

对前款所列事项股东以书面形式一致表示同意的，可以不召开股东会会议，直接作出决定，并由全体股东在决定文件上签名、盖章。

37. 公司章程规定了股东会议的召开时间，如果在股东会闭会期间，我公司想与另一家公司合并，可否召开临时会议？可以提请召开临时股东会议的主体有哪些？

答：1. 可以召开临时会议。我国法律规定“股东会会议分为定期会议和临时会议。定期会议应当依照公司章程的规定按时召开。代表十分之一以上表决权的股东，三分之一以上的董事，监事会或者不设监事会的公司的监事提议召开临时会议的，应当召开临时会议”。可见是可以提请召开临时股东会议的。

2. 提请召开临时股东会议的主体有：

（1）代表十分之一以上有表决权的股东；

（2）三分之一以上的董事；

（3）监事会或者不设监事会的公司的监事。

【法律依据】

《中华人民共和国公司法》

第三十九条　股东会会议分为定期会议和临时会议。

定期会议应当依照公司章程的规定按时召开。代表十分之一以上表决权的股东，三分之一以上的董事，监事会或者不设监事会的公司的监事提议召开临时会议的，应当召开临时会议。

38. 一般情况下，应当由董事会召集股东会议，董事长主持，现在董事长因病不能出席，该怎么办？

答：董事长不能履行职务或者不履行职务的，由副董事长主持。

【法律依据】

《中华人民共和国公司法》

第四十条　有限责任公司设立董事会的，股东会会议由董事会召集，董事长主持；董事长不能履行职务或者不履行职务的，由副董事长主持；副董事长不能履行职务或者不履行职务的，由半数以上董事共同推举一名董事主持。

39. 我公司准备增加注册资本，现提交股东会议决议，但股东们意见不一，问达到怎样的表决结果该项决议就可通过？

答：我国法律规定“股东会会议作出修改公司章程、增加或者减少注册资本的决议，以及公司合并、分立、解散或者变更公司形式的决议，必须经代表三分之二以上表决权的股东通过”。因此，因增加注册资本而股东意见不一时，如有代表三分之二以上表决权的股东同意，该项决议便可通过。否则无效。

【法律依据】

《中华人民共和国公司法》

第四十三条第二款　股东会会议作出修改公司章程、增加或者减少注册资本的决议，以及公司合并、分立、解散或者变更公司形式的决议，必须经代表三分之二以上表决权的股东通过。

40. 我们公司规模较小可以不设董事会吗？如果设立的话，对董事会的组成人数有限制吗？

答：公司规模较小可以不设董事会。我国法律规定“股东人数较少或者规模较小的有限责任公司，可以设一名执行董事，不设董事会。执行董事可以兼任公司经理”。

有限公司设立董事会的，除法律另有规定外，组成人数为三人至十三人。

【法律依据】

《中华人民共和国公司法》

第四十四条　有限责任公司设董事会，其成员为三人至十三人；但是，本法第五十条另有规定的除外。

第五十条　股东人数较少或者规模较小的有限责任公司，可以设一名执行董事，不设董事会。执行董事可以兼任公司经理。

第五十一条　有限责任公司设监事会，其成员不得少于三人。股东人数较少或者规模较小的有限责任公司，可以设一至二名监事，不设监事会。

41. 我公司的一名董事因为事务繁忙辞去了董事一职，新董事也还没有选举出来，董事会现在难以执行公司事务，应该怎么办？

答：原董事仍应当依照法律、行政法规和公司章程的规定，履行董事职务。我国法律规定“董事任期届满未及时改选，或者董事在任期内辞职导致董事会成员低于法定人数的，在改选出的董事就任前，原董事仍应当依照法律、行政法规和公司章程的规定，履行董事职务”。

【法律依据】

《中华人民共和国公司法》

第四十五条　董事任期由公司章程规定，但每届任期不得超过三年。董事任期届满，连选可以连任。

董事任期届满未及时改选，或者董事在任期内辞职导致董事会成员低于法定人数的，在改选出的董事就任前，原董事仍应当依照法律、行政法规和公司章程的规定，履行董事职务。

42. 除了董事长，董事会会议还可以有谁可以召集和主持？

答：我国法律规定：“董事会会议由董事长召集和主持；董事长不能履行

职务或者不履行职务的，由副董事长召集和主持。副董事长不能履行职务或者不履行职务的，由半数以上董事共同推举一名董事召集和主持。”

【法律依据】

《中华人民共和国公司法》

第四十七条　董事会会议由董事长召集和主持；董事长不能履行职务或者不履行职务的，由副董事长召集和主持；副董事长不能履行职务或者不履行职务的，由半数以上董事共同推举一名董事召集和主持。

43. 为了提高公司广大职工的积极性，监事会中必须有适当比例的职工代表，是这样的吗？

答：是的。我国法律规定：“监事会应当包括股东代表和适当比例的公司职工代表，其中职工代表的比例不得低于三分之一，具体比例由公司章程规定。”

【法律依据】

《中华人民共和国公司法》

第五十一条　有限责任公司设监事会，其成员不得少于三人。股东人数较少或者规模较小的有限责任公司，可以设一至二名监事，不设监事会。

监事会应当包括股东代表和适当比例的公司职工代表，其中职工代表的比例不得低于三分之一，具体比例由公司章程规定。监事会中的职工代表由公司职工通过职工代表大会、职工大会或者其他形式民主选举产生。

监事会设主席一人，由全体监事过半数选举产生。监事会主席召集和主持监事会会议；监事会主席不能履行职务或者不履行职务的，由半数以上监事共同推举一名监事召集和主持监事会会议。

董事、高级管理人员不得兼任监事。

44. 我们公司规模较小，就两个自然人股东，可以不设监事会吗？

答：可以不设监事会。法律规定“股东人数较少或者规模较小的有限责任公司，可以设一至二名监事，不设监事会”。

【法律依据】

《中华人民共和国公司法》

第五十一条　有限责任公司设监事会，其成员不得少于三人。股东人数较少或者规模较小的有限责任公司，可以设一至二名监事，不设监事会。

45. 我是某公司的监事会成员，法律对我的任职资格有什么限制吗？

答：我国法律规定“董事、高级管理人员不得兼任监事”。因此，监事会成员不得同时兼任公司董事或高级管理人员。

【法律依据】

《中华人民共和国公司法》

第五十一条　有限责任公司设监事会，其成员不得少于三人。股东人数较少或者规模较小的有限责任公司，可以设一至二名监事，不设监事会。

监事会应当包括股东代表和适当比例的公司职工代表，其中职工代表的比例不得低于三分之一，具体比例由公司章程规定。监事会中的职工代表由公司职工通过职工代表大会、职工大会或者其他形式民主选举产生。

监事会设主席一人，由全体监事过半数选举产生。监事会主席召集和主持监事会会议；监事会主席不能履行职务或者不履行职务的，由半数以上监事共同推举一名监事召集和主持监事会会议。

董事、高级管理人员不得兼任监事。

46. 某监事发现公司经营情况异常，决定聘请会计师事务所协助调查，聘请费用由谁承担？这也属于监事行使职权吗？可以具体说一下监事会的具体职权吗？

答：1. 该事项属于监事行使职权，聘请费用由公司承担。我国法律规定“监事会、不设监事会的公司的监事发现公司经营情况异常，可以进行调查；必要时，可以聘请会计师事务所等协助其工作，费用由公司承担”。

2. 我国法律规定，监事会、不设监事会的公司的监事行使下列职权：(1) 检查公司财务；(2) 对董事、高级管理人员执行公司职务的行为进行监督，对违反法律、行政法规、公司章程或者股东会决议的董事、高级管理人员提出罢免的建议；(3) 当董事、高级管理人员的行为损害公司的利益时，要求董事、高级管理人员予以纠正；(4) 提议召开临时股东会会议，在董事会不履行本法规定的召集和主持股东会会议职责时召集和主持股东会会议；(5) 向股东会会议提出提案；(6) 依照本法第一百五十二条的规定，对董事、高级管理人员提起诉讼；(7) 公司章程规定的其他职权。

【法律依据】

《中华人民共和国公司法》

第五十三条　监事会、不设监事会的公司的监事行使下列职权：

(一) 检查公司财务；

(二) 对董事、高级管理人员执行公司职务的行为进行监督，对违反法律、行政法规、公司章程或者股东会决议的董事、高级管理人员提出罢免的建议；

(三) 当董事、高级管理人员的行为损害公司的利益时，要求董事、高级管理人员予以纠正；

(四) 提议召开临时股东会会议，在董事会不履行本法规定的召集和主持股东会会议职责时召集和主持股东会会议；

(五) 向股东会会议提出提案；

(六) 依照本法第一百五十一条的规定，对董事、高级管理人员提起诉讼；

(七) 公司章程规定的其他职权。

第五十四条　监事可以列席董事会会议，并对董事会决议事项提出质询或者建议。

监事会、不设监事会的公司的监事发现公司经营情况异常，可以进行调查；必要时，可以聘请会计师事务所等协助其工作，费用由公司承担。

47. 我与两个朋友设立了一个公司，让我当公司经理并实际经营，我都有哪些职权？

答：我国法律规定，有限责任公司可以设经理，由董事会决定聘任或者解聘。经理对董事会负责，经理可列席董事会会议。公司章程对经理职权另有规定的，按其规定办。

经理可行使下列职权：

（1）主持公司的生产经营管理工作，组织实施董事会决议；

（2）组织实施公司年度经营计划和投资方案；

（3）拟订公司内部管理机构设置方案；

（4）拟订公司的基本管理制度；

（5）制定公司的具体规章；

（6）提请聘任或者解聘公司副经理、财务负责人；

（7）决定聘任或者解聘除应由董事会决定聘任或者解聘以外的负责管理人员；

（8）董事会授予的其他职权。

【法律依据】

《中华人民共和国公司法》

第四十九条　有限责任公司可以设经理，由董事会决定聘任或者解聘。经理对董事会负责，行使下列职权：

（一）主持公司的生产经营管理工作，组织实施董事会决议；

（二）组织实施公司年度经营计划和投资方案；

（三）拟订公司内部管理机构设置方案；

（四）拟订公司的基本管理制度；

（五）制定公司的具体规章；

（六）提请聘任或者解聘公司副经理、财务负责人；

（七）决定聘任或者解聘除应由董事会决定聘任或者解聘以外的负责管理人员；

（八）董事会授予的其他职权。

公司章程对经理职权另有规定的，从其规定。

经理列席董事会会议。

48. 我们公司已运营3年，最近有一个股东把他的股权向股东以

外的人转让，其他股东有意见，怎么办？

答：其他股东有优先权，可以优先购买。经股东同意转让的股权，在同等条件下，其他股东有优先购买权。两个以上股东主张行使优先购买权的，协商确定各自的购买比例；协商不成的，按照转让时各自的出资比例行使优先购买权。

公司章程对股权转让另有规定的，按规定执行。

【法律依据】

《中华人民共和国公司法》

第七十一条 有限责任公司的股东之间可以相互转让其全部或者部分股权。

股东向股东以外的人转让股权，应当经其他股东过半数同意。股东应就其股权转让事项书面通知其他股东征求同意，其他股东自接到书面通知之日起满三十日未答复的，视为同意转让。其他股东半数以上不同意转让的，不同意的股东应当购买该转让的股权；不购买的，视为同意转让。

经股东同意转让的股权，在同等条件下，其他股东有优先购买权。两个以上股东主张行使优先购买权的，协商确定各自的购买比例；协商不成的，按照转让时各自的出资比例行使优先购买权。

公司章程对股权转让另有规定的，从其规定。

49. 由于股东个人债务纠纷，法院强制转让股权的，其他股东还有优先购买权吗？

答：其他股东仍享有优先购买权。我国法律规定："人民法院依照法律规定的强制执行程序转让股东的股权时，应当通知公司及全体股东，其他股东在同等条件下有优先购买权。其他股东自人民法院通知之日起满二十日不行使优先购买权的，视为放弃优先购买权。"所以其他股东可以有优先购买的权利。

【法律依据】

《中华人民共和国公司法》

第七十二条 人民法院依照法律规定的强制执行程序转让股东的股权时，

应当通知公司及全体股东，其他股东在同等条件下有优先购买权。其他股东自人民法院通知之日起满二十日不行使优先购买权的，视为放弃优先购买权。

50. 在公司的股东会上，某股东反对公司的合并，并且主张公司收购股权，他的请求合法吗？

答：合法。我国法律规定，有下列情形之一的，对股东会该项决议投反对票的股东可以请求公司按照合理的价格收购其股权：

（1）公司连续五年不向股东分配利润，而公司该五年连续盈利，并且符合本法规定的分配利润条件的；

（2）公司合并、分立、转让主要财产的；

（3）公司章程规定的营业期限届满或者章程规定的其他解散事由出现，股东会会议通过决议修改章程使公司存续的。

因此，股东在股东会上因反对公司合并而主张公司收购股权的请求合法。

【法律依据】

《中华人民共和国公司法》

第七十四条　有下列情形之一的，对股东会该项决议投反对票的股东可以请求公司按照合理的价格收购其股权：

（一）公司连续五年不向股东分配利润，而公司该五年连续盈利，并且符合本法规定的分配利润条件的；

（二）公司合并、分立、转让主要财产的；

（三）公司章程规定的营业期限届满或者章程规定的其他解散事由出现，股东会会议通过决议修改章程使公司存续的。

自股东会会议决议通过之日起六十日内，股东与公司不能达成股权收购协议的，股东可以自股东会会议决议通过之日起九十日内向人民法院提起诉讼。

51. 自然人股东死亡后，其合法继承人可否继承股东资格？

答：可以继承，但公司章程另有规定除外。我国法律规定：“自然人股东死亡后，其合法继承人可以继承股东资格；但是，公司章程另有规定的除外。”

建议你先看看公司章程有没有其他规定。

【法律依据】

《中华人民共和国公司法》

第七十五条　自然人股东死亡后，其合法继承人可以继承股东资格；但是，公司章程另有规定的除外。

第三部分　企业的事务管理

52. 我本人因为事务繁忙，可不可以委托他人管理我的企业？

答：可以委托他人管理。投资人委托或者聘用他人管理个人独资企业事务，应当与受托人或者被聘用的人签订书面合同，明确委托的具体内容和授予的权利范围。投资人对受托人或者被聘用的人员职权的限制，不得对抗善意第三人。

【法律依据】

《中华人民共和国个人独资企业法》

第十九条　个人独资企业投资人可以自行管理企业事务，也可以委托或者聘用其他具有民事行为能力的人负责企业的事务管理。

投资人委托或者聘用他人管理个人独资企业事务，应当与受托人或者被聘用的人签订书面合同，明确委托的具体内容和授予的权利范围。

受托人或者被聘用的人员应当履行诚信、勤勉义务，按照与投资人签订的合同负责个人独资企业的事务管理。

投资人对受托人或者被聘用的人员职权的限制，不得对抗善意第三人。

53. 我聘请的经理居然瞒着我，用企业的钱给他的个人债务作担保，我要解聘他，能得到法律的支持吗？

答：可以得到法律的支持。我国法律规定，聘用的管理人员不得擅自以企业财产提供担保，上述聘请的经理违反了法律的禁止性规定，因此可以解聘该经理。

【法律依据】

《中华人民共和国个人独资企业法》

第二十条　投资人委托或者聘用的管理个人独资企业事务的人员不得有下列行为：

（一）利用职务上的便利，索取或者收受贿赂；

（二）利用职务或者工作上的便利侵占企业财产；

（三）挪用企业的资金归个人使用或者借贷给他人；

（四）擅自将企业资金以个人名义或者以他人名义开立账户储存；

（五）擅自以企业财产提供担保；

（六）未经投资人同意，从事与本企业相竞争的业务；

（七）未经投资人同意，同本企业订立合同或者进行交易；

（八）未经投资人同意，擅自将企业商标或者其他知识产权转让给他人使用；

（九）泄露本企业的商业秘密；

（十）法律、行政法规禁止的其他行为。

54. 我企业经全体合伙人决定，将合伙事务委托给有管理经验的某一个合伙人，请问其他合伙人在日常的经营管理中可以行使哪些权利？

答：可以将合伙事务委托给某一个合伙人。其他合伙人在日常的经营管理中还可以行使以下权利：

（1）有权监督执行事务合伙人执行合伙事务的情况；

（2）有权定期听取执行事务合伙人关于事务执行情况以及合伙企业的经营和财务状况的报告；

（3）有权查阅合伙企业会计账簿等财务资料。

【法律依据】

《中华人民共和国合伙企业法》

第二十七条　依照本法第二十六条第二款规定委托一个或者数个合伙人执行合伙事务的，其他合伙人不再执行合伙事务。

不执行合伙事务的合伙人有权监督执行事务合伙人执行合伙事务的情况。

第二十八条　由一个或者数个合伙人执行合伙事务的，执行事务合伙人应当定期向其他合伙人报告事务执行情况以及合伙企业的经营和财务状况，其执行合伙事务所产生的收益归合伙企业，所产生的费用和亏损由合伙企业承担。

合伙人为了解合伙企业的经营状况和财务状况，有权查阅合伙企业会计账簿等财务资料。

55. 合伙人都参与企业管理的情况下，对同一事务彼此意见不一致，应当怎么办？

答：合伙人都参与企业管理的情况下，对同一事务彼此意见不一致时，对合伙企业有关事项作出决议，按照合伙协议约定的表决办法办理。合伙协议未约定或者约定不明确的，实行合伙人一人一票并经全体合伙人过半数通过的表决办法。

《合伙企业法》对合伙企业的表决办法另有规定的，从其规定。

【法律依据】

《中华人民共和国合伙企业法》

第三十条　合伙人对合伙企业有关事项作出决议，按照合伙协议约定的表决办法办理。合伙协议未约定或者约定不明确的，实行合伙人一人一票并经全体合伙人过半数通过的表决办法。

本法对合伙企业的表决办法另有规定的，从其规定。

56. 执行事务的合伙人对其他合伙人执行的事务有异议时，应当如何处理？

答：执行事务的合伙人对其他合伙人执行的事务有异议时，应当暂停该项事务的执行。如果发生争议，按照合伙协议约定的表决办法办理。合伙协议未约定或者约定不明确的，实行合伙人一人一票并经全体合伙人过半数通过的表决办法。

《合伙企业法》对合伙企业的表决办法另有规定的，从其规定。

【法律依据】

《中华人民共和国合伙企业法》

第二十九条　合伙人分别执行合伙事务的，执行事务合伙人可以对其他合伙人执行的事务提出异议。提出异议时，应当暂停该项事务的执行。如果发生争议，依照本法第三十条规定作出决定。

受委托执行合伙事务的合伙人不按照合伙协议或者全体合伙人的决定执行事务的，其他合伙人可以决定撤销该委托。

57. 我企业想把一项专利技术转让给其他企业，是否应当经全体合伙人一致同意？还有哪些事务需要全体合伙人一致同意？

答：转让专利技术给其他企业，应当经全体合伙人一致同意。此外，除合伙协议另有约定外，还有以下事项需要经过全体合伙人一致同意：

（1）改变合伙企业的名称；

（2）改变合伙企业的经营范围、主要经营场所的地点；

（3）处分合伙企业的不动产；

（4）转让或者处分合伙企业的知识产权和其他财产权利；

（5）以合伙企业名义为他人提供担保；

（6）聘任合伙人以外的人担任合伙企业的经营管理人员。

【法律依据】

《中华人民共和国合伙企业法》

第三十一条　除合伙协议另有约定外，合伙企业的下列事项应当经全体合伙人一致同意：

（一）改变合伙企业的名称；

（二）改变合伙企业的经营范围、主要经营场所的地点；

（三）处分合伙企业的不动产；

（四）转让或者处分合伙企业的知识产权和其他财产权利；

（五）以合伙企业名义为他人提供担保；

（六）聘任合伙人以外的人担任合伙企业的经营管理人员。

58. 合伙事务的执行人在执行职务过程中，可以同本企业进行交

易吗？还有没有其他限制？

答：除合伙协议另有约定或者经全体合伙人一致同意外，合伙人不得同本合伙企业进行交易。同时，合伙人不得自营或者同他人合作经营与本合伙企业相竞争的业务，不得从事损害本合伙企业利益的活动。

【法律依据】

《中华人民共和国合伙企业法》

第三十二条　合伙人不得自营或者同他人合作经营与本合伙企业相竞争的业务。

除合伙协议另有约定或者经全体合伙人一致同意外，合伙人不得同本合伙企业进行交易。

合伙人不得从事损害本合伙企业利益的活动。

59. 我企业在设立的时候，合伙协议对利润的分配规定得并不明确，现在想进行利润分配，怎么办？

答：合伙企业的利润分配，按照合伙协议的约定办理；合伙协议未约定或者约定不明确的，由合伙人协商决定；协商不成的，由合伙人按照实缴出资比例分配、分担；无法确定出资比例的，由合伙人平均分配、分担。但合伙协议不得约定将全部利润分配给部分合伙人或者由部分合伙人承担全部亏损。

【法律依据】

《中华人民共和国合伙企业法》

第三十三条　合伙企业的利润分配、亏损分担，按照合伙协议的约定办理；合伙协议未约定或者约定不明确的，由合伙人协商决定；协商不成的，由合伙人按照实缴出资比例分配、分担；无法确定出资比例的，由合伙人平均分配、分担。

合伙协议不得约定将全部利润分配给部分合伙人或者由部分合伙人承担全部亏损。

60. 一般来说，有限合伙人是不允许执行合伙事务的，为什么他

可以参与决定普通合伙人的入伙、退伙呢？

答：我国法律规定，有限合伙人不执行合伙事务，不得对外代表有限合伙企业，但参与决定普通合伙人的入伙、退伙不视为执行合伙事务。因此有限合伙人可以参与决定普通合伙人的入伙、退伙。

【法律依据】

《中华人民共和国合伙企业法》

第六十八条　有限合伙人不执行合伙事务，不得对外代表有限合伙企业。

有限合伙人的下列行为，不视为执行合伙事务：

（一）参与决定普通合伙人入伙、退伙；

（二）对企业的经营管理提出建议；

（三）参与选择承办有限合伙企业审计业务的会计师事务所；

（四）获取经审计的有限合伙企业财务会计报告；

（五）对涉及自身利益的情况，查阅有限合伙企业财务会计账簿等财务资料；

（六）在有限合伙企业中的利益受到侵害时，向有责任的合伙人主张权利或者提起诉讼；

（七）执行事务合伙人怠于行使权利时，督促其行使权利或者为了本企业的利益以自己的名义提起诉讼；

（八）依法为本企业提供担保。

61. 有限合伙人是以其认缴的出资额为限对合伙企业债务承担责任的，那么较普通合伙人，在竞业经营、财产份额出质、转让方面是否对其有所放宽？

答：有限合伙人较普通合伙人，在竞业经营、财产份额出质、转让方面均对其有所放宽，具体阐述如下：

（1）除合伙协议另有约定外，有限合伙人可以同本有限合伙企业进行交易；

（2）除合伙协议另有约定外，有限合伙人可以自营或者同他人合作经营与本有限合伙企业相竞争的业务；

（3）除合伙协议另有约定外，有限合伙人可以将其在有限合伙企业中的财产份额出质；

（4）有限合伙人可以按照合伙协议的约定向合伙人以外的人转让其在有限合伙企业中的财产份额，但应当提前三十日通知其他合伙人。

【法律依据】

《中华人民共和国合伙企业法》

第七十条　有限合伙人可以同本有限合伙企业进行交易；但是，合伙协议另有约定的除外。

第七十一条　有限合伙人可以自营或者同他人合作经营与本有限合伙企业相竞争的业务；但是，合伙协议另有约定的除外。

第七十二条　有限合伙人可以将其在有限合伙企业中的财产份额出质；但是，合伙协议另有约定的除外。

第七十三条　有限合伙人可以按照合伙协议的约定向合伙人以外的人转让其在有限合伙企业中的财产份额，但应当提前三十日通知其他合伙人。

62. 在公司的日常经营中，公司高管人员的行为应当受到哪些限制？

答：我国《公司法》明确规定，公司高管人员应当遵守法律、行政法规和公司章程，对公司负有忠实义务和勤勉义务。不得利用职权收受贿赂或者其他非法收入，不得侵占公司的财产。

同时，董事、高级管理人员不得有下列行为：

（1）挪用公司资金；

（2）将公司资金以其个人名义或者以其他个人名义开立账户存储；

（3）违反公司章程的规定，未经股东会、股东大会或者董事会同意，将公司资金借贷给他人或者以公司财产为他人提供担保；

（4）违反公司章程的规定或者未经股东会、股东大会同意，与本公司订立合同或者进行交易；

（5）未经股东会或者股东大会同意，利用职务便利为自己或者他人谋取属于公司的商业机会，自营或者为他人经营与所任职公司同类的业务；

（6）接受他人与公司交易的佣金归为己有；

（7）擅自披露公司秘密；

（8）违反对公司忠实义务的其他行为。

董事、高级管理人员违反前款规定所得的收入应当归公司所有。

【法律依据】

《中华人民共和国公司法》

第一百四十七条　董事、监事、高级管理人员应当遵守法律、行政法规和公司章程，对公司负有忠实义务和勤勉义务。

董事、监事、高级管理人员不得利用职权收受贿赂或者其他非法收入，不得侵占公司的财产。

第一百四十八条　董事、高级管理人员不得有下列行为：

（一）挪用公司资金；

（二）将公司资金以其个人名义或者以其他个人名义开立账户存储；

（三）违反公司章程的规定，未经股东会、股东大会或者董事会同意，将公司资金借贷给他人或者以公司财产为他人提供担保；

（四）违反公司章程的规定或者未经股东会、股东大会同意，与本公司订立合同或者进行交易；

（五）未经股东会或者股东大会同意，利用职务便利为自己或者他人谋取属于公司的商业机会，自营或者为他人经营与所任职公司同类的业务；

（六）接受他人与公司交易的佣金归为己有；

（七）擅自披露公司秘密；

（八）违反对公司忠实义务的其他行为。

董事、高级管理人员违反前款规定所得的收入应当归公司所有。

63. 公司高管利用职权，侵犯公司权益，应当如何处理?

答：董事、监事、高级管理人员执行公司职务时违反法律、行政法规或者公司章程的规定，给公司造成损失的，应当承担赔偿责任。

（1）董事、高级管理人员利用职权，侵犯公司权益的，有限责任公司的股东、股份有限公司连续一百八十日以上单独或者合计持有公司百分之一以上股份的股东，可以书面请求监事会或者不设监事会的有限责任公司的监事向人民法院提起诉讼；监事利用职权，侵犯公司权益的，前述股东可以书面请求董事会或者不设董事会的有限责任公司的执行董事向人民法院提起诉讼。

（2）监事会、不设监事会的有限责任公司的监事，或者董事会、执行董事收到前款规定的股东书面请求后拒绝提起诉讼，或者自收到请求之日起三十日内未提起诉讼，或者情况紧急、不立即提起诉讼将会使公司利益受到难以弥补的损害的，前款规定的股东有权为了公司的利益以自己的名义直接向人民法院提起诉讼。

【法律依据】

《中华人民共和国公司法》

第一百四十九条　董事、监事、高级管理人员执行公司职务时违反法律、行政法规或者公司章程的规定，给公司造成损失的，应当承担赔偿责任。

第一百五十条　股东会或者股东大会要求董事、监事、高级管理人员列席会议的，董事、监事、高级管理人员应当列席并接受股东的质询。

董事、高级管理人员应当如实向监事会或者不设监事会的有限责任公司的监事提供有关情况和资料，不得妨碍监事会或者监事行使职权。

第一百五十一条　董事、高级管理人员有本法第一百五十条规定的情形的，有限责任公司的股东、股份有限公司连续一百八十日以上单独或者合计持有公司百分之一以上股份的股东，可以书面请求监事会或者不设监事会的有限责任公司的监事向人民法院提起诉讼；监事有本法第一百四十九条规定的情形的，前述股东可以书面请求董事会或者不设董事会的有限责任公司的执行董事向人民法院提起诉讼。

监事会、不设监事会的有限责任公司的监事，或者董事会、执行董事收到前款规定的股东书面请求后拒绝提起诉讼，或者自收到请求之日起三十日内未提起诉讼，或者情况紧急、不立即提起诉讼将会使公司利益受到难以弥补的损害的，前款规定的股东有权为了公司的利益以自己的名义直接向人民法院提起诉讼。

他人侵犯公司合法权益，给公司造成损失的，本条第一款规定的股东可以依照前两款的规定向人民法院提起诉讼。

第四部分　公司的解散与清算

64. 公司在何种情况下可以解散？

答：我国法律规定，当公司出现以下情况时，可以依法解散。

（1）公司章程规定的营业期限届满或者公司章程规定的其他解散事由出现；

（2）股东会或者股东大会决议解散；

（3）因公司合并或者分立需要解散；

（4）依法被吊销营业执照、责令关闭或者被撤销；

（5）人民法院依照本法第一百八十二条的规定予以解散。

【法律依据】

《中华人民共和国公司法》

第一百八十条　公司因下列原因解散：

（一）公司章程规定的营业期限届满或者公司章程规定的其他解散事由出现；

（二）股东会或者股东大会决议解散；

（三）因公司合并或者分立需要解散；

（四）依法被吊销营业执照、责令关闭或者被撤销；

（五）人民法院依照本法第一百八十二条的规定予以解散。

第一百八十二条　公司经营管理发生严重困难，继续存续会使股东利益受到重大损失，通过其他途径不能解决的，持有公司全部股东表决权百分之十以上的股东，可以请求人民法院解散公司。

65. 公司解散必须进行清算，那么公司清算都要经过哪些程序？

答：进行清算的企业应按照以下七个步骤履行清算程序：

（1）成立清算组，开始清算。

（2）清算组清理公司财产、编制资产负债表和财产清单，并制定清算方案。

（3）通知或公告债权人并进行债权登记，债权人向清算组申报其债权。

（4）处理与清算有关的公司未了结的业务，包括收回应收账款等，其中无法收回的应收账款应作坏账处理，报经税务机关批准后才能扣除损失。

（5）清理债务，公司财产（不包括担保财产）在支付清算费用后，应按照法定顺序清偿债务，即支付职工工资、社会保险费用和法定补偿金，缴纳所欠税款，清偿公司债务。

（6）处理公司清偿债务后的剩余财产，公司财产在支付清算费用、清偿债务后有余额的，按照出资或持股比例向各投资者分配剩余财产。公司财产在未依照前款规定清偿前，不得分配给股东。

（7）制作清算报告，申请注销公司登记。

【法律依据】

《中华人民共和国公司法》

第一百八十三条　公司因本法第一百八十条第（一）项、第（二）项、第（四）项、第（五）项规定而解散的，应当在解散事由出现之日起十五日内成立清算组，开始清算。有限责任公司的清算组由股东组成，股份有限公司的清算组由董事或者股东大会确定的人员组成。逾期不成立清算组进行清算的，债权人可以申请人民法院指定有关人员组成清算组进行清算。人民法院应当受理该申请，并及时组织清算组进行清算。

第一百八十五条　清算组应当自成立之日起十日内通知债权人，并于六十日内在报纸上公告。债权人应当自接到通知书之日起三十日内，未接到通知书的自公告之日起四十五日内，向清算组申报其债权。

债权人申报债权，应当说明债权的有关事项，并提供证明材料。清算组应当对债权进行登记。

在申报债权期间，清算组不得对债权人进行清偿。

第一百八十六条　清算组在清理公司财产、编制资产负债表和财产清单后，应当制定清算方案，并报股东会、股东大会或者人民法院确认。

公司财产在分别支付清算费用、职工的工资、社会保险费用和法定补偿金，缴纳所欠税款，清偿公司债务后的剩余财产，有限责任公司按照股东的出资比例分配，股份有限公司按照股东持有的股份比例分配。

清算期间，公司存续，但不得开展与清算无关的经营活动。公司财产在未依照前款规定清偿前，不得分配给股东。

第一百八十四条　清算组在清算期间行使下列职权：

（一）清理公司财产，分别编制资产负债表和财产清单；

（二）通知、公告债权人；

（三）处理与清算有关的公司未了结的业务；

（四）清缴所欠税款以及清算过程中产生的税款；

（五）清理债权、债务；

（六）处理公司清偿债务后的剩余财产；

（七）代表公司参与民事诉讼活动。

66. 个人独资企业解散，谁可以当个人独资企业的清算人？

答：个人独资企业的清算人，是指清算企业中执行清算事务及对外代表者。我国相关法律规定：“个人独资企业解散，由投资人自行清算或由债权人申请人民法院指定清算人进行清算。”

【法律依据】

《中华人民共和国个人独资企业法》

第二十六条　个人独资企业有下列情形之一时，应当解散：

（一）投资人决定解散；

（二）投资人死亡或者被宣告死亡，无继承人或者继承人决定放弃继承；

（三）被依法吊销营业执照；

（四）法律、行政法规规定的其他情形。

第二十七条　个人独资企业解散，由投资人自行清算或者由债权人申请人民法院指定清算人进行清算。

投资人自行清算的，应当在清算前15日内书面通知债权人，无法通知的，应当予以公告。债权人应当在接到通知之日起30日内，未接到通知的应当在公告之日起60日内，向投资人申报其债权。

第二十八条　个人独资企业解散后，原投资人对个人独资企业存续期间的债务仍应承担偿还责任，但债权人在5年内未向债务人提出偿债请求的，该责任消灭。

第二十九条　个人独资企业解散的，财产应当按照下列顺序清偿：

（一）所欠职工工资和社会保险费用；

（二）所欠税款；

（三）其他债务。

第三十条　清算期间，个人独资企业不得开展与清算目的无关的经营活动。在按前条规定清偿债务前，投资人不得转移、隐匿财产。

第三十一条　个人独资企业财产不足以清偿债务的，投资人应当以其个人的其他财产予以清偿。

67. 法律对清算组的组成是如何规定的？

答：有限责任公司的清算组由股东组成。股份有限公司的清算组由董事或者股东大会确定的人员组成。逾期不成立清算组进行清算的，债权人可以申请人民法院指定有关人员组成清算组进行清算。人民法院应当受理该申请，并及时组织清算组进行清算。

【法律依据】

《中华人民共和国公司法》

第一百八十三条　公司因本法第一百八十条第（一）项、第（二）项、第（四）项、第（五）项规定而解散的，应当在解散事由出现之日起十五日内成立清算组，开始清算。有限责任公司的清算组由股东组成，股份有限公司的清算组由董事或者股东大会确定的人员组成。逾期不成立清算组进行清算的，债权人可以申请人民法院指定有关人员组成清算组进行清算。人民法院应当受理该申请，并及时组织清算组进行清算。

68. 清算组的职权有哪些?

答：清算组在清算期间的职权如下：

(1) 清理公司财产，分别编制资产负债表和财产清单；

(2) 通知、公告债权人；

(3) 处理与清算有关的公司未了结的业务；

(4) 清缴所欠税款以及清算过程中产生的税款；

(5) 清理债权、债务；

(6) 处理公司清偿债务后的剩余财产；

(7) 代表公司参与民事诉讼活动。

【法律依据】

《中华人民共和国公司法》

第一百八十四条　清算组在清算期间行使下列职权：

（一）清理公司财产，分别编制资产负债表和财产清单；

（二）通知、公告债权人；

（三）处理与清算有关的公司未了结的业务；

（四）清缴所欠税款以及清算过程中产生的税款；

（五）清理债权、债务；

（六）处理公司清偿债务后的剩余财产；

（七）代表公司参与民事诉讼活动。

69. 清算主体未履行清算职责应承担哪些责任?

答：清算组成员因故意或者重大过失给公司或者债权人造成损失的，应当承担赔偿责任。

【法律依据】

《中华人民共和国公司法》

第一百八十九条　清算组成员应当忠于职守，依法履行清算义务。

清算组成员不得利用职权收受贿赂或者其他非法收入，不得侵占公司财产。

清算组成员因故意或者重大过失给公司或者债权人造成损失的，应当承担赔偿责任。

70. 办理公司注销登记手续都需要哪些文件?

答：公司申请注销登记，应当提交下列文件：

（一）公司清算组负责人签署的注销登记申请书；

（二）人民法院的破产裁定、解散裁判文书，公司依照《公司法》作出的决议或者决定，行政机关责令关闭或者公司被撤销的文件；

（三）股东会、股东大会、一人有限责任公司的股东、外商投资的公司董事会或者人民法院、公司批准机关备案、确认的清算报告；

（四）《企业法人营业执照》；

（五）法律、行政法规规定应当提交的其他文件。

国有独资公司申请注销登记，还应当提交国有资产监督管理机构的决定。其中，国务院确定的重要的国有独资公司，还应当提交本级人民政府的批准文件。

有分公司的公司申请注销登记，还应当提交分公司的注销登记证明。

【法律依据】

《中华人民共和国公司法》

第一百八十八条　公司清算结束后，清算组应当制作清算报告，报股东会、股东大会或者人民法院确认，并报送公司登记机关，申请注销公司登记，公告公司终止。

【法规依据】

《中华人民共和国公司登记管理条例》

第四十三条　公司申请注销登记，应当提交下列文件：

（一）公司清算组负责人签署的注销登记申请书；

（二）人民法院的破产裁定、解散裁判文书，公司依照《公司法》作出的决议或者决定，行政机关责令关闭或者公司被撤销的文件；

（三）股东会、股东大会、一人有限责任公司的股东、外商投资的公司董事会或者人民法院、公司批准机关备案、确认的清算报告；

（四）《企业法人营业执照》；

（五）法律、行政法规规定应当提交的其他文件。

国有独资公司申请注销登记，还应当提交国有资产监督管理机构的决定，其中，国务院确定的重要的国有独资公司，还应当提交本级人民政府的批准文件。

有分公司的公司申请注销登记，还应当提交分公司的注销登记证明。

71. 公司解散清算，财产不足清偿债务如何处理？

答：公司财产不足清偿债务的，应当依法向人民法院申请宣告破产。公司经人民法院裁定宣告破产后，清算组应当将清算事务移交给人民法院。

【法律依据】

《中华人民共和国公司法》

第一百八十七条　清算组在清理公司财产、编制资产负债表和财产清单后，发现公司财产不足清偿债务的，应当依法向人民法院申请宣告破产。

公司经人民法院裁定宣告破产后，清算组应当将清算事务移交给人民法院。

第五部分　合同管理实务

72. 有一位客户凭借我公司发放的广告宣传手册，直接找到我公司签合同，我们认为若签订合同，还需要双方具体协商，法律有这方面的具体规定吗？

答：我国《合同法》第十三条、第十四条、第十五条的相关规定是，订立合同，采取要约、承诺方式。要约是希望和他人订立合同的意思表示，即内容具体确定，且表明经受要约人承诺，要约人即受该意思表示约束。而要约邀请是希望他人向自己发出要约的意思表示。一般以寄送的价目表、商业广告等为要约邀请。上述公司发放的广告宣传手册，属于要约邀请，客户凭借广告宣传手册找到公司要求签合同，该行为属于合同法规定的要约，如果双方要订立合同，还需要经过具体协商，由该公司做出承诺后，方能实现合同订立的法律效果。

【法律依据】

《中华人民共和国合同法》

第十三条　当事人订立合同，采取要约、承诺方式。

第十四条　要约是希望和他人订立合同的意思表示，该意思表示应当符合下列规定：

（一）内容具体确定；

（二）表明经受要约人承诺，要约人即受该意思表示约束。

第十五条　要约邀请是希望他人向自己发出要约的意思表示。寄送的价目表、拍卖公告、招标公告、招股说明书、商业广告等为要约邀请。

商业广告的内容符合要约规定的，视为要约。

73. 我公司与另一家公司约定，2015 年 9 月 10 日双方正式签订合同书，但在 9 月 5 日对方就把货款打到了我公司账户，问该合同是否已经成立?

答：合同已经成立。《合同法》第三十六条明确规定，当事人约定采用书面形式订立合同，当事人未采用书面形式但一方已经履行主要义务，对方接受的，该合同成立。上述所述，双方约定采用书面形式订立合同，但在未采用书面形式前，一方已经履行主要义务，即将货款汇至另一方公司账户，另一方公司接受的，则该合同已经成立。

【法律依据】

《中华人民共和国合同法》

第三十六条　法律、行政法规规定或者当事人约定采用书面形式订立合同，当事人未采用书面形式但一方已经履行主要义务，对方接受的，该合同成立。

74. 我公司在审查某合同时，发现有大量的格式条款，请问，法律对于格式条款都有哪些具体规定?

答：格式条款是当事人为了重复使用而预先拟定，并在订立合同时未与对方协商的条款。我国《合同法》第三十九条、第四十条、第四十一条对格式条款的具体规定如下：

（1）采用格式条款订立合同的，提供格式条款的一方应当遵循公平原则确定当事人之间的权利和义务，并采取合理的方式提请对方注意免除或者限制其责任的条款，按照对方的要求，对该条款予以说明。

（2）格式条款具有本法第五十二条和第五十三条规定情形的，或者提供格式条款一方免除其责任、加重对方责任、排除对方主要权利的，该条款无效。

（3）对格式条款的理解发生争议的，应当按照通常理解予以解释。对格式条款有两种以上解释的，应当作出不利于提供格式条款一方的解释。格式条款和非格式条款不一致的，应当采用非格式条款。

【法律依据】

《中华人民共和国合同法》

第三十九条　采用格式条款订立合同的，提供格式条款的一方应当遵循公平原则确定当事人之间的权利和义务，并采取合理的方式提请对方注意免除或者限制其责任的条款，按照对方的要求，对该条款予以说明。

格式条款是当事人为了重复使用而预先拟定，并在订立合同时未与对方协商的条款。

第四十条　格式条款具有本法第五十二条和第五十三条规定情形的，或者提供格式条款一方免除其责任、加重对方责任、排除对方主要权利的，该条款无效。

第四十一条　对格式条款的理解发生争议的，应当按照通常理解予以解释。对格式条款有两种以上解释的，应当作出不利于提供格式条款一方的解释。格式条款和非格式条款不一致的，应当采用非格式条款。

75. 某客户在与我公司协商订立合同时，故意隐瞒产品的质量缺陷，请问我们可否让其承担损害赔偿责任？

答：可以。我国法律规定，当事人在订立合同过程中故意隐瞒与订立合同有关的重要事实或者提供虚假情况，给对方造成损失的，应当承担损害赔偿责任。

上述所述中，某客户故意隐瞒产品的质量缺陷，属于故意隐瞒与订立合同有关的重要事实，如果给对方公司造成损失的，应当承担损害赔偿责任。

【法律依据】

《中华人民共和国合同法》

第四十二条　当事人在订立合同过程中有下列情形之一，给对方造成损失的，应当承担损害赔偿责任：

（一）假借订立合同，恶意进行磋商；

（二）故意隐瞒与订立合同有关的重要事实或者提供虚假情况；

（三）有其他违背诚实信用原则的行为。

76. 我公司一名业务员辞职后，利用手里剩余的盖有公司印章的

合同书与他人订立合同，该合同书对我公司有效力吗?

答：有效力。我国法律规定，行为人没有代理权、超越代理权或者代理权终止后以被代理人名义订立合同，相对人有理由相信行为人有代理权的，该代理行为有效。上述所述中，辞职后的业务员属于没有代理权的行为人，他以盖有公司印章的合同书与他人订立合同，足以使相对人有理由相信行为人有代理权，因此该行为对公司有效，该公司应当承担相应法律后果。

【法律依据】

《中华人民共和国合同法》

第四十九条　行为人没有代理权、超越代理权或者代理权终止后以被代理人名义订立合同，相对人有理由相信行为人有代理权的，该代理行为有效。

77. 我公司准备扩大再生产，因场地不足，准备购买农村居民的宅基地及房屋做厂房，这样合法吗?公司内部有人说这是无效合同，将来会不会当被告?

答：我国法律规定合同无效的具体情形包括以下五方面：

(1) 一方以欺诈、胁迫的手段订立合同，损害国家利益；(2) 恶意串通，损害国家、集体或者第三人利益；(3) 以合法形式掩盖非法目的；(4) 损害社会公共利益；(5) 违反法律、行政法规的强制性规定。

根据有关法律规定，农村土地归集体所有，不得买卖。因此，你单位购买村民宅基地的合同很可能被判无效，这样你公司很可能遭受损失。实际上，你公司可以通过“招拍挂”方式得到土地建设厂房。

【法律依据】

《中华人民共和国合同法》

第五十二条　有下列情形之一的，合同无效：

(一) 一方以欺诈、胁迫的手段订立合同，损害国家利益；

(二) 恶意串通，损害国家、集体或者第三人利益；

(三) 以合法形式掩盖非法目的；

(四) 损害社会公共利益；

（五）违反法律、行政法规的强制性规定。

78. 由于专业性太强，我公司在购买一套设备签订合同时，产生重大误解，我们可否主张撤销此合同？撤销权的行使有什么限制吗？

答：我国法律规定，因重大误解订立的合同，当事人一方有权请求人民法院或者仲裁机构变更或者撤销。

但存在下列情形之一的，不得行使撤销权：

（一）具有撤销权的当事人自知道或者应当知道撤销事由之日起一年内没有行使撤销权；

（二）具有撤销权的当事人知道撤销事由后明确表示或者以自己的行为放弃撤销权。

【法律依据】

《中华人民共和国合同法》

第五十四条　下列合同，当事人一方有权请求人民法院或者仲裁机构变更或者撤销：

（一）因重大误解订立的；

（二）在订立合同时显失公平的。

一方以欺诈、胁迫的手段或者乘人之危，使对方在违背真实意思的情况下订立的合同，受损害方有权请求人民法院或者仲裁机构变更或者撤销。

当事人请求变更的，人民法院或者仲裁机构不得撤销。

第五十五条　有下列情形之一的，撤销权消灭：

（一）具有撤销权的当事人自知道或者应当知道撤销事由之日起一年内没有行使撤销权；

（二）具有撤销权的当事人知道撤销事由后明确表示或者以自己的行为放弃撤销权。

79. 合同无效或被撤销后，以前交付的货款和货物应当如何处置？

答：我国法律规定，无效的合同或者被撤销的合同自始没有法律约束力。合同无效或者被撤销后，因该合同取得的财产，应当予以返还；因此，合同无效或被撤销后，以前交付的货款和货物应当予以返还。不能返还或者没有必要返还的，应当折价补偿。有过错的一方应当赔偿对方因此所受到的损失，双方都有过错的，应当各自承担相应的责任。

【法律依据】

《中华人民共和国合同法》

第五十六条　无效的合同或者被撤销的合同自始没有法律约束力。合同部分无效，不影响其他部分效力的，其他部分仍然有效。

第五十八条　合同无效或者被撤销后，因该合同取得的财产，应当予以返还；不能返还或者没有必要返还的，应当折价补偿。有过错的一方应当赔偿对方因此所受到的损失，双方都有过错的，应当各自承担相应的责任。

80. 按照当初的合同约定，我公司应当先支付部分货款，但现在对方经营状况恶化，很可能难以交付货物，我们可否中止给付货款？

答：可以。我国法律规定，应当先履行债务的当事人，有确切证据证明对方有经营状况严重恶化，转移财产、抽逃资金，以逃避债务，丧失商业信誉，有丧失或者可能丧失履行债务能力的其他情形时，可以中止履行。

据此，上述所述中，应当先支付部分货款的一方，发现对方经营状况恶化，很可能难以交付货物，这种情形下，先履行债务一方可以中止履行，但应当及时通知对方，对方提供适当担保时，应当恢复履行。中止履行后，对方在合理期限内未恢复履行能力并且未提供适当担保的，中止履行的一方可以解除合同。

【法律依据】

《中华人民共和国合同法》

第六十八条　应当先履行债务的当事人，有确切证据证明对方有下列情形之一的，可以中止履行：

（一）经营状况严重恶化；

（二）转移财产、抽逃资金，以逃避债务；

（三）丧失商业信誉；

（四）有丧失或者可能丧失履行债务能力的其他情形。

当事人没有确切证据中止履行的，应当承担违约责任。

第六十九条　当事人依照本法第六十八条的规定中止履行的，应当及时通知对方。对方提供适当担保时，应当恢复履行。中止履行后，对方在合理期限内未恢复履行能力并且未提供适当担保的，中止履行的一方可以解除合同。

81. 某客户对我公司的债务已经到期，但无力偿还，据悉，另一家公司对他的部分欠款已届清偿，他却怠于讨要，请问我公司可否向该公司主张清偿这部分欠款？

答：可以。我国法律规定：“因债务人怠于行使其到期债权，对债权人造成损害的，债权人可以向人民法院请求以自己的名义代位行使债务人的债权，但该债权专属于债务人自身的除外。”上述案例中因某客户怠于行使对另一公司已届清偿期的欠款，导致对我公司已到期债务无力偿还，侵害了我公司的利益，因此我公司可以直接以自己的名义向另一公司代位行使债务人的债权，即我公司可以向该公司主张清偿这部分欠款。

【法律依据】

《中华人民共和国合同法》

第七十三条　因债务人怠于行使其到期债权，对债权人造成损害的，债权人可以向人民法院请求以自己的名义代位行使债务人的债权，但该债权专属于债务人自身的除外。

代位权的行使范围以债权人的债权为限。债权人行使代位权的必要费用，由债务人负担。

82. 某客户已经无力偿还我公司债务，最近还将其部分设备以低

价转让给了他人，我们可否主张该行为无效？

答：可以。我国法律规定，债务人以明显不合理的低价转让财产，对债权人造成损害，并且受让人知道该情形的，债权人可以请求人民法院撤销债务人的行为。上述案例中，某客户在已经无力偿还我公司债务的情况下，还将其部分设备以低价转让给了他人，对我公司造成损害，债权人可以请求人民法院撤销债务人的行为。

【法律依据】

《中华人民共和国合同法》

第七十四条　因债务人放弃其到期债权或者无偿转让财产，对债权人造成损害的，债权人可以请求人民法院撤销债务人的行为。债务人以明显不合理的低价转让财产，对债权人造成损害，并且受让人知道该情形的，债权人也可以请求人民法院撤销债务人的行为。

撤销权的行使范围以债权人的债权为限。债权人行使撤销权的必要费用，由债务人负担。

83. 请问，都可以用哪些方法解除合同？合同解除后有哪些法律后果？

答：1. 根据我国法律规定，解除合同有法定解除和约定解除两种方式。

（1）约定解除

双方协议解除：①当事人协商一致，可以解除合同。②单方约定解除：当事人可以在合同中约定一方解除合同的条件，当解除合同的条件成立时，解除权人就可以依约定解除合同了。

（2）法定解除

①单方法定解除的情形如下，当出现这些情形，当事人可以解除合同。

a. 因不可抗力致使不能实现合同目的；

b. 在履行期限届满之前，当事人一方明确表示或者以自己的行为表明不履行主要债务；

c. 当事人一方迟延履行主要债务，经催告后在合理期限内仍未履行；

d. 当事人一方迟延履行债务或者有其他违约行为致使不能实现合同目的；

②法律规定的其他情形。

2. 根据我国法律规定，合同解除后会产生如下法律后果：

（1）尚未履行的，终止履行；

（2）已经履行的，根据履行情况和合同性质，当事人可以要求恢复原状、采取其他补救措施，并有权要求赔偿损失。

【法律依据】

《中华人民共和国合同法》

第九十三条　当事人协商一致，可以解除合同。

当事人可以约定一方解除合同的条件。解除合同的条件成就时，解除权人可以解除合同。

第九十四条　有下列情形之一的，当事人可以解除合同：

（一）因不可抗力致使不能实现合同目的；

（二）在履行期限届满之前，当事人一方明确表示或者以自己的行为表明不履行主要债务；

（三）当事人一方迟延履行主要债务，经催告后在合理期限内仍未履行；

（四）当事人一方迟延履行债务或者有其他违约行为致使不能实现合同目的；

（五）法律规定的其他情形。

第九十七条　合同解除后，尚未履行的，终止履行；已经履行的，根据履行情况和合同性质，当事人可以要求恢复原状、采取其他补救措施，并有权要求赔偿损失。

84. 我公司购买的一部设备，质量不合格，我们可以向厂家主张采取哪些补救措施？

答：我国法律规定，物品质量不符合约定的，应当按照当事人的约定承担违约责任。对违约责任没有约定或者约定不明确，依照《合同法》第六十一条的规定仍不能确定的，受损害方根据标的的性质以及损失的大小，可以合理选择要求对方承担修理、更换、重作、退货、减少价款或者报酬等违约责任。因此，上述案例中可以向厂家主张要求对方承担修理、更换、重作、退货、减少价款或者报酬等。

【法律依据】

《中华人民共和国合同法》

第一百一十一条　质量不符合约定的，应当按照当事人的约定承担违约责任。对违约责任没有约定或者约定不明确，依照本法第六十一条的规定仍不能确定的，受损害方根据标的的性质以及损失的大小，可以合理选择要求对方承担修理、更换、重作、退货、减少价款或者报酬等违约责任。

第六十一条　合同生效后，当事人就质量、价款或者报酬、履行地点等内容没有约定或者约定不明确的，可以协议补充；不能达成补充协议的，按照合同有关条款或者交易习惯确定。

85. 我公司在合同中定有违约金条款，但违约金数额明显低于违约造成的损失，可否主张提高违约金数额?

答：可以。我国法律规定：“约定的违约金低于造成的损失的，当事人可以请求人民法院或者仲裁机构予以增加。”因此，当违约金数额明显低于违约造成的损失时，可以向人民法院或者仲裁机构主张提高违约金数额。

【法律依据】

《中华人民共和国合同法》

第一百一十四条　当事人可以约定一方违约时应当根据违约情况向对方支付一定数额的违约金，也可以约定因违约产生的损失赔偿额的计算方法。

约定的违约金低于造成的损失的，当事人可以请求人民法院或者仲裁机构予以增加；约定的违约金过分高于造成的损失的，当事人可以请求人民法院或者仲裁机构予以适当减少。

当事人就迟延履行约定违约金的，违约方支付违约金后，还应当履行债务。

86. 我公司交付了 10 万元作为定金订立合同，现在对方违约，

请问定金应如何处理？

答：对方应当双倍返还定金，即对方应支付你公司20万元。我国法律规定："给付定金的一方不履行约定的债务的，无权要求返还定金；收受定金的一方不履行约定的债务的，应当双倍返还定金。"因此，上述所述中，收受定金的一方违约，应当双倍返还定金，即需由对方向你公司支付20万元。

【法律依据】

《中华人民共和国合同法》

第一百一十五条　当事人可以依照《中华人民共和国担保法》约定一方向对方给付定金作为债权的担保。债务人履行债务后，定金应当抵作价款或者收回。给付定金的一方不履行约定的债务的，无权要求返还定金；收受定金的一方不履行约定的债务的，应当双倍返还定金。

第六部分　企业的人力资源与劳动关系

87. 我公司的一名职工已经在公司连续工作了十几年，现在他提出要与公司订立无固定期限的劳动合同，可以吗？还有哪些情形可以订立无固定期限劳动合同？

答：连续工作十年，可以与公司订立无固定期限的劳动合同。根据我国法律规定，能订立无固定期限劳动合同的情形如下：

（1）劳动者在该用人单位连续工作满十年的；

（2）用人单位初次实行劳动合同制度或者国有企业改制重新订立劳动合同时，劳动者在该用人单位连续工作满十年且距法定退休年龄不足十年的；

（3）连续订立二次固定期限劳动合同，且劳动者没有用人单位随时解除劳动合同和经济性裁员的情形，续订劳动合同。

用人单位自用工之日起满一年不与劳动者订立书面劳动合同的，视为用人单位与劳动者已订立无固定期限劳动合同。

【法律依据】

《中华人民共和国劳动合同法》

第十四条　无固定期限劳动合同，是指用人单位与劳动者约定无确定终止时间的劳动合同。

用人单位与劳动者协商一致，可以订立无固定期限劳动合同。有下列情形之一，劳动者提出或者同意续订、订立劳动合同的，除劳动者提出订立固定期限劳动合同外，应当订立无固定期限劳动合同：

（一）劳动者在该用人单位连续工作满十年的；

（二）用人单位初次实行劳动合同制度或者国有企业改制重新订立劳动合

同时，劳动者在该用人单位连续工作满十年且距法定退休年龄不足十年的；

（三）连续订立二次固定期限劳动合同，且劳动者没有本法第三十九条和第四十条第一项、第二项规定的情形，续订劳动合同的。

用人单位自用工之日起满一年不与劳动者订立书面劳动合同的，视为用人单位与劳动者已订立无固定期限劳动合同。

88. 我公司的一名职工对劳动合同中劳动报酬和劳动条件等标准有异议，我们应当如何解决？

答：我国法律规定："劳动合同对劳动报酬和劳动条件等标准约定不明确，引发争议的，用人单位与劳动者可以重新协商；协商不成的，适用集体合同规定；没有集体合同或者集体合同未规定劳动报酬的，实行同工同酬；没有集体合同或者集体合同未规定劳动条件等标准的，适用国家有关规定。"

【法律依据】

《中华人民共和国劳动合同法》

第十八条　劳动合同对劳动报酬和劳动条件等标准约定不明确，引发争议的，用人单位与劳动者可以重新协商；协商不成的，适用集体合同规定；没有集体合同或者集体合同未规定劳动报酬的，实行同工同酬；没有集体合同或者集体合同未规定劳动条件等标准的，适用国家有关规定。

89. 我公司准备招聘几名销售人员，想在劳动合同中约定一段试用期，法律对此有何规定？

答：我国法律规定："劳动合同期限三个月以上不满一年的，试用期不得超过一个月；劳动合同期限一年以上不满三年的，试用期不得超过二个月；三年以上固定期限和无固定期限的劳动合同，试用期不得超过六个月。同一用人单位与同一劳动者只能约定一次试用期。以完成一定工作任务为期限的劳动合同或者劳动合同期限不满三个月的，不得约定试用期。试用期包含在劳动合同期限内。劳动合同仅约定试用期的，试用期不成立，该期限为劳动合同期限。"

【法律依据】

《中华人民共和国劳动合同法》

第十九条　劳动合同期限三个月以上不满一年的，试用期不得超过一个月；劳动合同期限一年以上不满三年的，试用期不得超过二个月；三年以上固定期限和无固定期限的劳动合同，试用期不得超过六个月。

同一用人单位与同一劳动者只能约定一次试用期。

以完成一定工作任务为期限的劳动合同或者劳动合同期限不满三个月的，不得约定试用期。

试用期包含在劳动合同期限内。劳动合同仅约定试用期的，试用期不成立，该期限为劳动合同期限。

90. 我公司投入了专项资金组织某技术人员出国深造，但是该职工回国后，并未履行当初合同中十年服务期的约定，跳槽到另一家公司，我公司可以要求其赔偿培训费用并承担违约责任吗？

答：可以。我国法律规定：“劳动者违反服务期约定的，应当按照约定向用人单位支付违约金。违约金的数额不得超过用人单位提供的培训费用。用人单位要求劳动者支付的违约金不得超过服务期尚未履行部分所应分摊的培训费用。”据此，公司可以要求该职工支付违约金，违约金的数额不得超过用人单位提供的培训费用，不能同时要求赔偿培训费用及违约金。

【法律依据】

《中华人民共和国劳动合同法》

第二十二条　用人单位为劳动者提供专项培训费用，对其进行专业技术培训的，可以与该劳动者订立协议，约定服务期。

劳动者违反服务期约定的，应当按照约定向用人单位支付违约金。违约金的数额不得超过用人单位提供的培训费用。用人单位要求劳动者支付的违约金不得超过服务期尚未履行部分所应分摊的培训费用。

用人单位与劳动者约定服务期的，不影响按照正常的工资调整机制提高劳动者在服务期期间的劳动报酬。

91. 什么样的劳动合同是无效的？应当如何处理？

答：我国法律规定，下列劳动合同无效或者部分无效：

（1）以欺诈、胁迫的手段或者乘人之危，使对方在违背真实意思的情况下订立或者变更劳动合同的；

（2）用人单位免除自己的法定责任、排除劳动者权利的；

（3）违反法律、行政法规强制性规定的。

劳动合同被确认无效，劳动者已付出劳动的，用人单位应当向劳动者支付劳动报酬。劳动报酬的数额，参照本单位相同或者相近岗位劳动者的劳动报酬确定。

【法律依据】

《中华人民共和国劳动合同法》

第二十六条　下列劳动合同无效或者部分无效：

（一）以欺诈、胁迫的手段或者乘人之危，使对方在违背真实意思的情况下订立或者变更劳动合同的；

（二）用人单位免除自己的法定责任、排除劳动者权利的；

（三）违反法律、行政法规强制性规定的。

对劳动合同的无效或者部分无效有争议的，由劳动争议仲裁机构或者人民法院确认。

第二十七条　劳动合同部分无效，不影响其他部分效力的，其他部分仍然有效。

第二十八条　劳动合同被确认无效，劳动者已付出劳动的，用人单位应当向劳动者支付劳动报酬。劳动报酬的数额，参照本单位相同或者相近岗位劳动者的劳动报酬确定。

92. 我公司的一名职工以公司未依法为其缴纳社会保险费为由，提出解除劳动合同，他的要求合法吗？

答：合法。劳动者可以提出解除劳动合同。我国《劳动合同法》第三十七条、第三十八条规定，用人单位未依法为劳动者缴纳社会保险费的，劳动者可以解除劳动合同；劳动者在试用期内需提前三日通知用人单位，正式员工需提前三十日以书面形式通知用人单位。

【法律依据】

《中华人民共和国劳动合同法》

第三十七条　劳动者提前三十日以书面形式通知用人单位，可以解除劳动合同。劳动者在试用期内提前三日通知用人单位，可以解除劳动合同。

第三十八条　用人单位有下列情形之一的，劳动者可以解除劳动合同：

（一）未按照劳动合同约定提供劳动保护或者劳动条件的；

（二）未及时足额支付劳动报酬的；

（三）未依法为劳动者缴纳社会保险费的；

（四）用人单位的规章制度违反法律、法规的规定，损害劳动者权益的；

（五）因本法第二十六条第一款规定的情形致使劳动合同无效的；

（六）法律、行政法规规定劳动者可以解除劳动合同的其他情形。

用人单位以暴力、威胁或者非法限制人身自由的手段强迫劳动者劳动的，或者用人单位违章指挥、强令冒险作业危及劳动者人身安全的，劳动者可以立即解除劳动合同，不需事先告知用人单位。

93. 我公司一名职工私下与其他单位建立劳动关系，严重影响本单位的工作任务，我公司可以提出解除劳动合同吗？除此，我公司还可以在哪些情形下解除劳动合同？

答：我国法律规定，劳动者同时与其他用人单位建立劳动关系，对完成本单位的工作任务造成严重影响的，可以提出解除劳动合同。此外，用人单位发现有以下情形的可以解除劳动合同：

（1）在试用期间被证明不符合录用条件的；（2）严重违反用人单位的规章制度的；（3）严重失职，营私舞弊，给用人单位造成重大损害的；（4）劳动者同时与其他用人单位建立劳动关系，对完成本单位的工作任务造成严重影响，或者经用人单位提出，拒不改正的；（5）以欺诈、胁迫的手段或者乘人之危，使对方在违背真实意思的情况下订立或者变更劳动合同的；（6）被依法追究刑事责任的。

【法律依据】

《中华人民共和国劳动合同法》

第三十九条　劳动者有下列情形之一的，用人单位可以解除劳动合同：

（一）在试用期间被证明不符合录用条件的；

（二）严重违反用人单位的规章制度的；

（三）严重失职，营私舞弊，给用人单位造成重大损害的；

（四）劳动者同时与其他用人单位建立劳动关系，对完成本单位的工作任务造成严重影响，或者经用人单位提出，拒不改正的；

（五）因本法第二十六条第一款第一项规定的情形致使劳动合同无效的；

（六）被依法追究刑事责任的。

94. 我公司的一名职工患有风湿病，经常休假，严重影响工作，是否可以解除劳动合同？

答：我国法律规定，劳动者患病或者非因工负伤，在规定的医疗期满后不能从事原工作，也不能从事由用人单位另行安排的工作的，用人单位提前三十日以书面形式通知劳动者本人或者额外支付劳动者一个月工资后，可以解除劳动合同。上述所述，该名职工因病经常休假，严重影响工作，不能胜任原工作，因此用人单位支付经济补偿后，依法可以解除劳动合同。

【法律依据】

《中华人民共和国劳动合同法》

第四十条　有下列情形之一的，用人单位提前三十日以书面形式通知劳动者本人或者额外支付劳动者一个月工资后，可以解除劳动合同：

（一）劳动者患病或者非因工负伤，在规定的医疗期满后不能从事原工作，也不能从事由用人单位另行安排的工作的；

（二）劳动者不能胜任工作，经过培训或者调整工作岗位，仍不能胜任工作的；

（三）劳动合同订立时所依据的客观情况发生重大变化，致使劳动合同无法履行，经用人单位与劳动者协商，未能就变更劳动合同内容达成协议的。

95. 我公司是纺织行业，女职工多，女职工在孕期、产期、哺乳期的，用人单位不得解除劳动合同，还有哪些类似情形？

答：用人单位不得解除劳动合同的情形包括：

（1）从事接触职业病危害作业的劳动者未进行离岗前职业健康检查，或者疑似职业病病人在诊断或者医学观察期间的；

（2）在本单位患职业病或者因工负伤并被确认丧失或者部分丧失劳动能力的；

（3）患病或者非因工负伤，在规定的医疗期内的；

（4）在本单位连续工作满十五年，且距法定退休年龄不足五年的；

（5）法律、行政法规规定的其他情形。

【法律依据】

《中华人民共和国劳动合同法》

第四十二条　劳动者有下列情形之一的，用人单位不得依照本法第四十条、第四十一条的规定解除劳动合同：

（一）从事接触职业病危害作业的劳动者未进行离岗前职业健康检查，或者疑似职业病病人在诊断或者医学观察期间的；

（二）在本单位患职业病或者因工负伤并被确认丧失或者部分丧失劳动能力的；

（三）患病或者非因工负伤，在规定的医疗期内的；

（四）女职工在孕期、产期、哺乳期的；

（五）在本单位连续工作满十五年，且距法定退休年龄不足五年的；

（六）法律、行政法规规定的其他情形。

96. 由于受到目前经济状况的影响，我公司经营困难，准备裁减部分员工，应当注意哪些问题？

答：（1）需要裁减人员二十人以上或者裁减不足二十人但占企业职工总数百分之十以上的，用人单位提前三十日向工会或者全体职工说明情况，听取工会或者职工的意见后，裁减人员方案经向劳动行政部门报告，可以裁减人员。

（2）裁减人员时，应当优先留用下列人员：

a. 与本单位订立较长期限的固定期限劳动合同的；b. 与本单位订立无固定期限劳动合同的；c. 家庭无其他就业人员，有需要扶养的老人或者未成年人的。

（3）用人单位裁减人员，在六个月内重新招用人员的，应当通知被裁减的人员，并在同等条件下优先招用被裁减的人员。

【法律依据】

《中华人民共和国劳动合同法》

第四十一条　有下列情形之一，需要裁减人员二十人以上或者裁减不足二十人但占企业职工总数百分之十以上的，用人单位提前三十日向工会或者全体职工说明情况，听取工会或者职工的意见后，裁减人员方案经向劳动行政部门报告，可以裁减人员：

（一）依照企业破产法规定进行重整的；

（二）生产经营发生严重困难的；

（三）企业转产、重大技术革新或者经营方式调整，经变更劳动合同后，仍需裁减人员的；

（四）其他因劳动合同订立时所依据的客观经济情况发生重大变化，致使劳动合同无法履行的。

裁减人员时，应当优先留用下列人员：

（一）与本单位订立较长期限的固定期限劳动合同的；

（二）与本单位订立无固定期限劳动合同的；

（三）家庭无其他就业人员，有需要扶养的老人或者未成年人的。

用人单位依照本条第一款规定裁减人员，在六个月内重新招用人员的，应当通知被裁减的人员，并在同等条件下优先招用被裁减的人员。

97. 在哪些情况下，劳动合同解除后，用人单位应当向劳动者支付经济补偿？经济补偿的标准是如何划定的？

答：1. 我国法律规定，劳动合同解除后，用人单位有以下情形的应当向劳动者支付经济补偿。其中包括：未按照劳动合同约定提供劳动保护或者劳动条件的；未及时足额支付劳动报酬的；未依法为劳动者缴纳社会保险费的；用人单位的规章制度违反法律、法规的规定，损害劳动者权益的；因《中华人民共和国劳动合同法》第二十六条第一款规定的情形致使劳动合同无效的；法律、行政法规规定劳动者可以解除劳动合同的其他情形；用人单位与劳动者协商一致，解除劳动合同的；劳动者患病或者非因工负伤，在规定的医疗期满后不能从事原工作，也不能从事由用人单位另行安排的工作的；劳动者不能胜任工作，经过培训或者调整工作岗位，仍不能胜任工作的；劳动合同订立时所依据的客观情况发生重大变化，致使劳动合同无法履行，经用人单位与劳动者协商，未能就变更劳动合同内容达成协议的；依照《企业破产法》规定进行重整的；生产经营发生严重困难的；企业转产、重大技术革新或者经营方式调整，经变更劳动合同后，仍需裁减人员的；其他因劳动合同订立时所依据的客观经济情况发生重大变化，致使劳动合同无法履行的；劳动合同期满的；用人单位被依法宣告破产的；用人单位被吊销营业执照、责令关闭、撤销或者用人单位决定提前解散的；法律、行政法规规定的其他情形。

2. 经济补偿的标准是：经济补偿按劳动者在本单位工作的年限，每满一年支付一个月工资的标准向劳动者支付。六个月以上不满一年的，按一年计算；不满六个月的，向劳动者支付半个月工资的经济补偿。

劳动者月工资高于用人单位所在直辖市、设区的市级人民政府公布的本地区上年度职工月平均工资三倍的，向其支付经济补偿的标准按职工月平均工资三倍的数额支付，向其支付经济补偿的年限最高不超过十二年。

【法律依据】

《中华人民共和国劳动合同法》

第四十六条　有下列情形之一的，用人单位应当向劳动者支付经济补偿：

（一）劳动者依照本法第三十八条规定解除劳动合同的；

（二）用人单位依照本法第三十六条规定向劳动者提出解除劳动合同并与劳动者协商一致解除劳动合同的；

（三）用人单位依照本法第四十条规定解除劳动合同的；

（四）用人单位依照本法第四十一条第一款规定解除劳动合同的；

（五）除用人单位维持或者提高劳动合同约定条件续订劳动合同，劳动者不同意续订的情形外，依照本法第四十四条第一项规定终止固定期限劳动合同的；

（六）依照本法第四十四条第四项、第五项规定终止劳动合同的；

（七）法律、行政法规规定的其他情形。

第三十八条　用人单位有下列情形之一的，劳动者可以解除劳动合同：

（一）未按照劳动合同约定提供劳动保护或者劳动条件的；

（二）未及时足额支付劳动报酬的；

（三）未依法为劳动者缴纳社会保险费的；

（四）用人单位的规章制度违反法律、法规的规定，损害劳动者权益的；

（五）因本法第二十六条第一款规定的情形致使劳动合同无效的；

（六）法律、行政法规规定劳动者可以解除劳动合同的其他情形。

用人单位以暴力、威胁或者非法限制人身自由的手段强迫劳动者劳动的，或者用人单位违章指挥、强令冒险作业危及劳动者人身安全的，劳动者可以立即解除劳动合同，不需事先告知用人单位。

第三十六条　用人单位与劳动者协商一致，可以解除劳动合同。

第四十条　有下列情形之一的，用人单位提前三十日以书面形式通知劳动者本人或者额外支付劳动者一个月工资后，可以解除劳动合同：

（一）劳动者患病或者非因工负伤，在规定的医疗期满后不能从事原工作，也不能从事由用人单位另行安排的工作的；

（二）劳动者不能胜任工作，经过培训或者调整工作岗位，仍不能胜任工作的；

（三）劳动合同订立时所依据的客观情况发生重大变化，致使劳动合同无法履行，经用人单位与劳动者协商，未能就变更劳动合同内容达成协议的。

第四十一条　有下列情形之一，需要裁减人员二十人以上或者裁减不足二十人但占企业职工总数百分之十以上的，用人单位提前三十日向工会或者全体职工说明情况，听取工会或者职工的意见后，裁减人员方案经向劳动行政部门报告，可以裁减人员：

（一）依照企业破产法规定进行重整的；

（二）生产经营发生严重困难的；

（三）企业转产、重大技术革新或者经营方式调整，经变更劳动合同后，仍需裁减人员的；

（四）其他因劳动合同订立时所依据的客观经济情况发生重大变化，致使劳动合同无法履行的。

第四十七条　经济补偿按劳动者在本单位工作的年限，每满一年支付一个月工资的标准向劳动者支付。六个月以上不满一年的，按一年计算；不满六个月的，向劳动者支付半个月工资的经济补偿。

劳动者月工资高于用人单位所在直辖市、设区的市级人民政府公布的本地区上年度职工月平均工资三倍的，向其支付经济补偿的标准按职工月平均工资三倍的数额支付，向其支付经济补偿的年限最高不超过十二年。

本条所称月工资是指劳动者在劳动合同解除或者终止前十二个月的平均工资。

98. 在哪些情况下，可以终止劳动合同？

答：终止劳动合同是指企业劳动合同法律效力的终止，也就是双方当事人之间劳动关系的终结，彼此之间原有的权利和义务关系不复存在。我国法律规定，出现下列任何一种情况的，即可终止劳动合同：（1）劳动合同期满的；（2）劳动者开始依法享受基本养老保险待遇的；（3）劳动者死亡，或者被人民法院宣告死亡或者宣告失踪的；（4）用人单位被依法宣告破产的；（5）用人单位被吊销营业执照、责令关闭、撤销或者用人单位决定提前解散的；（6）法律、行政法规规定的其他情形。

【法律依据】

《中华人民共和国劳动合同法》

第四十四条　有下列情形之一的，劳动合同终止：

（一）劳动合同期满的；

（二）劳动者开始依法享受基本养老保险待遇的；

（三）劳动者死亡，或者被人民法院宣告死亡或者宣告失踪的；

（四）用人单位被依法宣告破产的；

（五）用人单位被吊销营业执照、责令关闭、撤销或者用人单位决定提前解散的；

（六）法律、行政法规规定的其他情形。

99. 劳动争议一般有哪几种解决途径？有没有适用的先后顺序？

答：我国法律规定，劳动争议一般有四种解决途径，分别是调解、仲裁、提起诉讼、协商解决。劳动争议适用的先后顺序：劳动争议发生后，当事人可以先行协商，若当事人不愿协商或协商不成，可以向本单位劳动争议调解委员会申请调解；调解不成，当事人一方要求仲裁的，可以向劳动争议仲裁委员会申请仲裁。当事人一方也可以直接向劳动争议仲裁委员会申请仲裁。对仲裁裁决不服的，可以向人民法院提起诉讼。

【法律依据】

《中华人民共和国劳动法》

第七十七条　用人单位与劳动者发生劳动争议，当事人可以依法申请调解、仲裁、提起诉讼，也可以协商解决。

调解原则适用于仲裁和诉讼程序。

第七十九条　劳动争议发生后，当事人可以向本单位劳动争议调解委员会申请调解；调解不成，当事人一方要求仲裁的，可以向劳动争议仲裁委员会申请仲裁。当事人一方也可以直接向劳动争议仲裁委员会申请仲裁。对仲裁裁决不服的，可以向人民法院提起诉讼。

100. 我公司欲设立劳动争议调解委员会，都应当有哪些组成人员？

答：我国法律规定：“劳动争议调解委员会由职工代表、用人单位代表和工会代表组成。劳动争议调解委员会主任由工会代表担任。”

【法律依据】

《中华人民共和国劳动法》

第八十条　在用人单位内，可以设立劳动争议调解委员会。劳动争议调解委员会由职工代表、用人单位代表和工会代表组成。劳动争议调解委员会主任由工会代表担任。

劳动争议经调解达成协议的，当事人应当履行。

101. 法律对于劳动仲裁的期限有何规定？超过规定期限的，有怎样的后果呢？

答：我国法律规定，劳动争议申请仲裁的时效期间为一年。仲裁时效期间从当事人知道或者应当知道其权利被侵害之日起计算。超过规定期限的，申请人丧失胜诉权。

【法律依据】

《中华人民共和国劳动争议调解仲裁法》

第二十七条　劳动争议申请仲裁的时效期间为一年。仲裁时效期间从当事人知道或者应当知道其权利被侵害之日起计算。

前款规定的仲裁时效，因当事人一方向对方当事人主张权利，或者向有关部门请求权利救济，或者对方当事人同意履行义务而中断。从中断时起，仲裁时效期间重新计算。

因不可抗力或者有其他正当理由，当事人不能在本条第一款规定的仲裁时效期间申请仲裁的，仲裁时效中止。从中止时效的原因消除之日起，仲裁时效期间继续计算。

劳动关系存续期间因拖欠劳动报酬发生争议的，劳动者申请仲裁不受本条第一款规定的仲裁时效期间的限制；但是，劳动关系终止的，应当自劳动关系终止之日起一年内提出。

102. 当事人在法定期限内不起诉又不履行仲裁裁决的，另一方当事人可以申请人民法院强制执行，在哪些情况下法院可能裁定不予强制执行？

答：当事人一方向人民法院申请强制执行，在执行中，被申请执行人能够提出证据证明仲裁裁决有法律规定的违法情形之一的，经人民法院组成合议庭审查核实后，可以裁定不予执行。

人民法院对于劳动争议仲裁机构作出的发生法律效力的裁决书、调解书裁定不予执行的，主要有以下几种情况：

（1）裁决的事项不属于劳动争议仲裁范围，或者劳动争议仲裁机构无权仲裁的；

（2）仲裁庭的组成或者仲裁程序违反法定程序的；

（3）适用法律有错误的；

（4）仲裁员仲裁该案时，有徇私舞弊、枉法裁决行为的；

（5）人民法院认定执行该劳动争议仲裁裁决违背社会公共利益的。

【法律依据】

《最高人民法院关于审理劳动争议案件适用法律若干问题的解释（一）》

第二十一条　当事人申请人民法院执行劳动争议仲裁机构作出的发生法律效力的裁决书、调解书，被申请人提出证据证明劳动争议仲裁裁决书、调解书有下列情形之一，并经审查核实的，人民法院可以根据《民事诉讼法》第二百一十七条之规定，裁定不予执行：

（一）裁决的事项不属于劳动争议仲裁范围，或者劳动争议仲裁机构无权仲裁的；

（二）适用法律确有错误的；

（三）仲裁员仲裁该案时，有徇私舞弊、枉法裁决行为的；

（四）人民法院认定执行该劳动争议仲裁裁决违背社会公共利益的。

人民法院在不予执行的裁定书中，应当告知当事人在收到裁定书之次日起三十日内，可以就该劳动争议事项向人民法院起诉。

103. 我公司对某员工作出了开除的决定，该员工向法院提起了诉讼，问举证责任由谁承担？

答：因用人单位作出开除员工的决定而发生的劳动争议，用人单位负举证责任。

【法律依据】

《最高人民法院关于审理劳动争议案件适用法律若干问题的解释（一）》

第十三条 因用人单位作出的开除、除名、辞退、解除劳动合同、减少劳动报酬、计算劳动者工作年限等决定而发生的劳动争议，用人单位负举证责任。

104. 当事人双方不服劳动争议仲裁委员会作出的同一仲裁裁决，均向同一人民法院起诉的，谁为被告？

答：当事人双方不服劳动争议仲裁委员会作出的同一仲裁裁决，均向同一人民法院起诉的，先起诉的一方当事人为原告，后起诉的一方当事人为被告。

【法律依据】

《最高人民法院关于审理劳动争议案件适用法律若干问题的解释（一）》

第九条 当事人双方不服劳动争议仲裁委员会作出的同一仲裁裁决，均向同一人民法院起诉的，先起诉的一方当事人为原告，但对双方的诉讼请求，人民法院应当一并作出裁决。

当事人双方就同一仲裁裁决分别向有管辖权的人民法院起诉的，后受理的人民法院应当将案件移送给先受理的人民法院。

105. 集体合同争议与一般劳动争议的解决有何不同？

答：一般劳动争议是劳动者个人与用人单位发生的劳动争议；集体劳动争议是指劳动者一方当事人在三人以上，有共同理由的劳动争议。

根据我国法律规定，因签订集体合同发生争议，当事人协商解决不成的，当地人民政府劳动行政部门可以组织有关各方协调处理。

因履行集体合同发生争议，当事人协商解决不成的，可以向劳动争议仲裁委员会申请仲裁；对仲裁裁决不服的，可以自收到仲裁裁决书之日起 15 日内向人民法院提起诉讼。

我国《劳动法》规定：“用人单位违反集体合同，侵犯职工劳动权益的，工会可以依法要求用人单位承担责任；因履行集体合同发生争议，经协商解决不成的，工会可以依法申请仲裁、提起诉讼。”

因此，集体合同劳动争议的解决方法：因集体合同发生争议，当事人协商解决不成的，当地人民政府劳动行政部门可以组织有关各方协调处理；因履行集体合同发生争议，当事人协商解决不成的，工会可以依法申请仲裁、提起诉讼。

一般劳动争议的解决方法：劳动争议发生后，当事人可以先行协商，若当事人不愿协商，或协商不成的，可以向本单位劳动争议调解委员会申请调解；调解不成，当事人一方要求仲裁的，可以向劳动争议仲裁委员会申请仲裁。当事人一方也可以直接向劳动争议仲裁委员会申请仲裁。对仲裁裁决不服的，可以向人民法院提起诉讼。

【法律依据】

《中华人民共和国劳动法》

第七十九条　劳动争议发生后，当事人可以向本单位劳动争议调解委员会申请调解；调解不成，当事人一方要求仲裁的，可以向劳动争议仲裁委员会申请仲裁。当事人一方也可以直接向劳动争议仲裁委员会申请仲裁。对仲裁裁决不服的，可以向人民法院提起诉讼。

第八十四条　因签订集体合同发生争议，当事人协商解决不成的，当地人民政府劳动行政部门可以组织有关各方协调处理。

因履行集体合同发生争议，当事人协商解决不成的，可以向劳动争议仲裁委员会申请仲裁；对仲裁裁决不服的，可以自收到仲裁裁决书之日起15日内向人民法院提起诉讼。

第五十六条　用人单位违反集体合同，侵犯职工劳动权益的，工会可以依法要求用人单位承担责任；因履行集体合同发生争议，经协商解决不成的，工会可以依法申请仲裁、提起诉讼。

第七部分　企业的知识产权保护

106. 听说《商标法》做了修改，我企业想申请商标，想了解一下商标的分类，可以分别介绍一下吗？

答：新修改的《商标法》2014年5月1日开始实施了。此次《商标法》修改贯穿了商标申请、注册、管理、确权、维权的每一个环节，对现行《商标法》共做出了五十三项修改，《商标法》全文也从现有的六十四条增加到七十三条。

我国《商标法》将注册商标分为商品商标、服务商标、集体商标、证明商标四类。

商品商标，是指商品生产者或经营者为了使自己生产、制造、加工、挑选或经销的商品同他人的商品相区别，而使用的一种通常由文字、图形单独构成，或由文字、图形组合构成的具有显著特征的标志。

服务商标，是指提供服务的经营者为了使自己提供的服务与他人提供的服务区别开来而使用的标志。

集体商标，是指以团体、协会或者其他组织名义注册，供该组织成员在商事活动中使用，以表明使用者在该组织中的成员资格的标志。

证明商标，是指由对某种商品或者服务具有监督能力的组织所控制，而由该组织以外的单位或者个人使用于其商品或者服务，用以证明该商品或者服务的原产地、原料、制造方法、质量或者其他特定品质的标志。

【法律依据】

《中华人民共和国商标法》

第三条　经商标局核准注册的商标为注册商标，包括商品商标、服务商标和集体商标、证明商标；商标注册人享有商标专用权，受法律保护。

本法所称集体商标，是指以团体、协会或者其他组织名义注册，供该组织成员在商事活动中使用，以表明使用者在该组织中的成员资格的标志。

本法所称证明商标，是指由对某种商品或者服务具有监督能力的组织所控制，而由该组织以外的单位或者个人使用于其商品或者服务，用以证明该商品或者服务的原产地、原料、制造方法、质量或者其他特定品质的标志。

集体商标、证明商标注册和管理的特殊事项，由国务院工商行政管理部门规定。

107. 我企业是做油墨的，想申请一个商品商标，什么标志不得作为商标使用?

答：我国《商标法》规定，下列标志不得作为商标使用：（一）同中华人民共和国的国家名称、国旗、国徽、国歌、军旗、军徽、军歌、勋章等相同或者近似的，以及同中央国家机关的名称、标志、所在地特定地点的名称或者标志性建筑物的名称、图形相同的；（二）同外国的国家名称、国旗、国徽、军旗等相同或者近似的，但经该国政府同意的除外；（三）同政府间国际组织的名称、旗帜、徽记等相同或者近似的，但经该组织同意或者不易误导公众的除外；（四）与表明实施控制、予以保证的官方标志、检验印记相同或者近似的，但经授权的除外；（五）同“红十字”“红新月”的名称、标志相同或者近似的；（六）带有民族歧视性的；（七）带有欺骗性，容易使公众对商品的质量等特点或者产地产生误认的；（八）有害于社会主义道德风尚或者有其他不良影响的。

县级以上行政区划的地名或者公众知晓的外国地名，不得作为商标。但是，地名具有其他含义或者作为集体商标、证明商标组成部分的除外；已经注册的使用地名的商标继续有效。

【法律依据】

《中华人民共和国商标法》

第十条　下列标志不得作为商标使用：

（一）同中华人民共和国的国家名称、国旗、国徽、国歌、军旗、军徽、军歌、勋章等相同或者近似的，以及同中央国家机关的名称、标志、所在地特定地点的名称或者标志性建筑物的名称、图形相同的；

（二）同外国的国家名称、国旗、国徽、军旗等相同或者近似的，但经该国政府同意的除外；

（三）同政府间国际组织的名称、旗帜、徽记等相同或者近似的，但经该组织同意或者不易误导公众的除外；

（四）与表明实施控制、予以保证的官方标志、检验印记相同或者近似的，但经授权的除外；

（五）同“红十字”“红新月”的名称、标志相同或者近似的；

（六）带有民族歧视性的；

（七）带有欺骗性，容易使公众对商品的质量等特点或者产地产生误认的；

（八）有害于社会主义道德风尚或者有其他不良影响的。

县级以上行政区划的地名或者公众知晓的外国地名，不得作为商标。但是，地名具有其他含义或者作为集体商标、证明商标组成部分的除外；已经注册的使用地名的商标继续有效。

108. 我们是皮革制品厂，拟为新生产的皮制品申请注册“羊皮”牌商标，是否可行？在我国什么标志不得作为商标注册？

答：我国《商标法》规定，下列标志不得作为商标注册：

（1）仅有本商品的通用名称、图形、型号的；

（2）仅直接表示商品的质量、主要原料、功能、用途、重量、数量及其他特点的；

（3）其他缺乏显著特征的。

前款所列标志经过使用取得显著特征，并便于识别的，可以作为商标注册。

（4）以三维标志申请注册商标的，仅由商品自身的性质产生的形状、为获得技术效果而需有的商品形状或者使商品具有实质性价值的形状，不得注册。

（5）就相同或者类似商品申请注册的商标是复制、模仿或者翻译他人未在中国注册的驰名商标，容易导致混淆的，不予注册并禁止使用。

（6）就不相同或者不相类似商品申请注册的商标是复制、模仿或者翻译他人已经在中国注册的驰名商标，误导公众，致使该驰名商标注册人的利益可能受到损害的，不予注册并禁止使用。

所以，你厂在生产的皮制品上的申请注册为“羊皮”牌商标，违反上述直接表示商品的质量、主要原料、功能、用途、重量、数量及其他特点的禁止性的规定，是不能申请注册商标的。

【法律依据】

《中华人民共和国商标法》

第十一条　下列标志不得作为商标注册：

（一）仅有本商品的通用名称、图形、型号的；

（二）仅直接表示商品的质量、主要原料、功能、用途、重量、数量及其他特点的；

（三）其他缺乏显著特征的。

前款所列标志经过使用取得显著特征，并便于识别的，可以作为商标注册。

第十二条　以三维标志申请注册商标的，仅由商品自身的性质产生的形状、为获得技术效果而需有的商品形状或者使商品具有实质性价值的形状，不得注册。

第十三条　为相关公众所熟知的商标，持有人认为其权利受到侵害时，可以依照本法规定请求驰名商标保护。

就相同或者类似商品申请注册的商标是复制、模仿或者翻译他人未在中国注册的驰名商标，容易导致混淆的，不予注册并禁止使用。

就不相同或者不相类似商品申请注册的商标是复制、模仿或者翻译他人已经在中国注册的驰名商标，误导公众，致使该驰名商标注册人的利益可能受到损害的，不予注册并禁止使用。

109. 听说新《商标法》规定声音可作为商标申请注册？

答：声音商标是非传统商标中相对使用最广泛的一种，主要集中在多媒体等非传统企业以及一些知名企业的广告，如电影、电视、广播广告中的配乐，产品 APP 其他电子出版物的启动、背景音乐。对于传统行业来讲，声音商标也是较为重要的，企业应学会利用法律新设置的权利对企业的无形资产做到更全面的保护，比如人们熟知的腾讯QQ消息提示音、诺基亚、英特尔、奥迪等常见的声音标识将可以作为商标申请注册。对于之前没有声音商标的企业，可以利用新法赋予的商标权，将声音注册为商标使用。

以声音标志申请商标注册的，应当在申请书中予以声明，提交符合要求的声音样本，对申请注册的声音商标进行描述，说明商标的使用方式。对声音商标进行描述，应当以五线谱或者简谱对申请用作商标的声音加以描述并附加文字说明；无法以五线谱或者简谱描述的，应当以文字加以描述；商标描述与声音样本应当一致。

【法规依据】

《中华人民共和国商标法实施条例》

第十三条　申请商标注册，应当按照公布的商品和服务分类表填报。每一件商标注册申请应当向商标局提交《商标注册申请书》1份、商标图样1份；以颜色组合或者着色图样申请商标注册的，应当提交着色图样，并提交黑白稿1份；不指定颜色的，应当提交黑白图样。

商标图样应当清晰，便于粘贴，用光洁耐用的纸张印制或者用照片代替，长和宽应当不大于10厘米，不小于5厘米。

以三维标志申请商标注册的，应当在申请书中予以声明，说明商标的使用方式，并提交能够确定三维形状的图样，提交的商标图样应当至少包含三面视图。

以颜色组合申请商标注册的，应当在申请书中予以声明，说明商标的使用方式。

以声音标志申请商标注册的，应当在申请书中予以声明，提交符合要求的声音样本，对申请注册的声音商标进行描述，说明商标的使用方式。对声音商标进行描述，应当以五线谱或者简谱对申请用作商标的声音加以描述并附加文字说明；无法以五线谱或者简谱描述的，应当以文字加以描述；商标描述与声音样本应当一致。

申请注册集体商标、证明商标的，应当在申请书中予以声明，并提交主体资格证明文件和使用管理规则。

商标为外文或者包含外文的，应当说明含义。

第十四条　申请商标注册的，申请人应当提交其身份证明文件。商标注册申请人的名义与所提交的证明文件应当一致。

前款关于申请人提交其身份证明文件的规定适用于向商标局提出的办理变更、转让、续展、异议、撤销等其他商标事宜。

第十五条　商品或者服务项目名称应当按照商品和服务分类表中的类别号、名称填写；商品或者服务项目名称未列入商品和服务分类表的，应当附送对该商品或者服务的说明。

商标注册申请等有关文件以纸质方式提出的，应当打字或者印刷。

本条第二款规定适用于办理其他商标事宜。

第十六条　共同申请注册同一商标或者办理其他共有商标事宜的，应当在申请书中指定一个代表人；没有指定代表人的，以申请书中顺序排列的第一人为代表人。

商标局和商标评审委员会的文件应当送达代表人。

110. 我公司在申请注册商标时，发现在同一天有另一家公司在同一种商品上申请注册相近的商标，此种情况，商标局会如何处理？

答：两个或者两个以上的申请人，在同一种商品或者类似商品上，分别以相同或者近似的商标在同一天申请注册的，各申请人应当自收到商标局通知之日起 30 日内提交其申请注册前在先使用该商标的证据。同日使用或者均未使用的，各申请人可以自收到商标局通知之日起 30 日内自行协商，并将书面协议报送商标局；不愿协商或者协商不成的，商标局通知各申请人以抽签的方式确定一个申请人，驳回其他人的注册申请。商标局已经通知但申请人未参加抽签的，视为放弃申请，商标局应当书面通知未参加抽签的申请人。

【法规依据】

《中华人民共和国商标法实施条例》

第十九条　两个或者两个以上的申请人，在同一种商品或者类似商品上，分别以相同或者近似的商标在同一天申请注册的，各申请人应当自收到商标局通知之日起30日内提交其申请注册前在先使用该商标的证据。同日使用或者均未使用的，各申请人可以自收到商标局通知之日起30日内自行协商，并将书面协议报送商标局；不愿协商或者协商不成的，商标局通知各申请人以抽签的方式确定一个申请人，驳回其他人的注册申请。商标局已经通知但申请人未参加抽签的，视为放弃申请，商标局应当书面通知未参加抽签的申请人。

111. 商标局以我公司申请注册的商标损害他人现有的在先权利为由，驳回申请、不予公告，该怎么办?

答：对驳回申请、不予公告的商标，商标局应当书面通知商标注册申请人。商标注册申请人不服的，可以自收到通知之日起十五日内向商标评审委员会申请复审。当事人对商标评审委员会的决定不服的，可以自收到通知之日起三十日内向人民法院起诉。

【法律依据】

《中华人民共和国商标法》

第三十四条　对驳回申请、不予公告的商标，商标局应当书面通知商标注册申请人。商标注册申请人不服的，可以自收到通知之日起十五日内向商标评审委员会申请复审。商标评审委员会应当自收到申请之日起九个月内做出决定，并书面通知申请人。有特殊情况需要延长的，经国务院工商行政管理部门批准，可以延长三个月。当事人对商标评审委员会的决定不服的，可以自收到通知之日起三十日内向人民法院起诉。

112. 什么是商标异议?

答：商标异议是我国《商标法》及《商标法实施条例》明确规定的对初步审定商标公开征求社会公众意见的法律程序，其目的在于监督商标局公正、公开地进行商标确权。任何人对初步审定的商标有不同意见的，可以在初步审定公告之日起3个月异议期内向商标局提出异议。公告期满无异议的，予以核准注册，发给商标注册证，并予公告。

【法律依据】

《中华人民共和国商标法》

第三十二条　申请商标注册不得损害他人现有的在先权利，也不得以不正当手段抢先注册他人已经使用并有一定影响的商标。

第三十三条　对初步审定公告的商标，自公告之日起三个月内，在先权利人、利害关系人认为违反本法第十三条第二款和第三款、第十五条、第十六条第一款、第三十条、第三十一条、第三十二条规定的，或者任何人认为违反本法第十条、第十一条、第十二条规定的，可以向商标局提出异议。公告期满无异议的，予以核准注册，发给商标注册证，并予公告。

113. 我公司想对某一经过初审，正在公告的商标提出异议，应当办理哪些手续？商标局会如何处理我们提出的商标异议？

答：1. 对商标局初步审定予以公告的商标提出异议的，异议人应当向商标局提交下列商标异议材料一式两份并标明正、副本：

（1）商标异议申请书；

（2）异议人的身份证明；

（3）以违反《商标法》关于保护驰名商标、未经授权注册商标、以地理标志注册商标、不合规商标、两个以上商标申请人申请注册商标、侵害他人在先权利的注册商标为由提出异议的，异议人作为在先权利人或者利害关系人的证明。

商标异议申请书应当有明确的请求和事实依据，并附送有关证据材料。

2. 商标局收到商标异议申请书后，经审查，符合受理条件的，予以受理，向申请人发出受理通知书。

商标异议申请有下列情形的，商标局不予受理，书面通知申请人并说明理由：

（1）未在法定期限内提出的；

（2）申请人主体资格、异议理由不符合《商标法》第三十三条规定的；

（3）无明确的异议理由、事实和法律依据的；

（4）同一异议人以相同的理由、事实和法律依据针对同一商标再次提出异议申请的。

商标局应当将商标异议材料副本及时送交被异议人，限其自收到商标异议材料副本之日起30日内答辩。被异议人不答辩的，不影响商标局作出决定。

【法规依据】

《中华人民共和国商标法实施条例》

第二十四条　对商标局初步审定予以公告的商标提出异议的，异议人应当向商标局提交下列商标异议材料一式两份并标明正、副本：

（一）商标异议申请书；

（二）异议人的身份证明；

（三）以违反商标法第十三条第二款和第三款、第十五条、第十六条第一款、第三十条、第三十一条、第三十二条规定为由提出异议的，异议人作为在先权利人或者利害关系人的证明。

商标异议申请书应当有明确的请求和事实依据，并附送有关证据材料。

第二十五条　商标局收到商标异议申请书后，经审查，符合受理条件的，予以受理，向申请人发出受理通知书。

第二十六条　商标异议申请有下列情形的，商标局不予受理，书面通知申请人并说明理由：

（一）未在法定期限内提出的；

（二）申请人主体资格、异议理由不符合商标法第三十三条规定的；

（三）无明确的异议理由、事实和法律依据的；

（四）同一异议人以相同的理由、事实和法律依据针对同一商标再次提出异议申请的。

第二十七条　商标局应当将商标异议材料副本及时送交被异议人，限其自收到商标异议材料副本之日起30日内答辩。被异议人不答辩的，不影响商标局作出决定。

当事人需要在提出异议申请或者答辩后补充有关证据材料的，应当在商标异议申请书或者答辩书中声明，并自提交商标异议申请书或者答辩书之日起3个月内提交；期满未提交的，视为当事人放弃补充有关证据材料。但是，在期满后生成或者当事人有其他正当理由未能在期满前提交的证据，在期满后提交的，商标局将证据交对方当事人并质证后可以采信。

114. 请问在哪些情况下，当事人可以提请商标复审？

答：商标复审是针对当事人不服商标局对就商标有关事项所作处理决定而提出的复审请求、由商标评审委员会重新进行审查的法定程序。

商标评审委员会有权审理商标注册复审案件、商标异议复审案件和商标撤销复审案件。

商标注册复审案件是指商标注册申请人对商标局驳回其商标注册申请、不予公告的决定不服，依据《商标法》第三十四条的规定向商标评审委员会申请复审，并由商标评审委员会依法裁决的案件；商标异议复审案件是指当事人对商标局的商标异议裁定不服，依据《中华人民共和国商标法》第三十五条的规定向商标评审委员会申请复审，并由商标评审委员会审理裁决的案件；商标撤销复审案件是指当事人对商标局依照《中华人民共和国商标法》第四十四条的规定依职权主动撤销注册商标或对连续三年不使用商标的撤销请求做出是否撤销的决定不服的，可以向商标评审委员会申请复审，并由商标评审委员会审理裁决的案件。

【法律依据】

《中华人民共和国商标法》

第三十四条　对驳回申请、不予公告的商标，商标局应当书面通知商标注册申请人。商标注册申请人不服的，可以自收到通知之日起十五日内向商标评审委员会申请复审。商标评审委员会应当自收到申请之日起九个月内做出决定，并书面通知申请人。有特殊情况需要延长的，经国务院工商行政管理部门批准，可以延长三个月。当事人对商标评审委员会的决定不服的，可以自收到通知之日起三十日内向人民法院起诉。

第三十五条　对初步审定公告的商标提出异议的，商标局应当听取异议人和被异议人陈述事实和理由，经调查核实后，自公告期满之日起十二个月内做出是否准予注册的决定，并书面通知异议人和被异议人。有特殊情况需要延长的，经国务院工商行政管理部门批准，可以延长六个月。

商标局做出准予注册决定的，发给商标注册证，并予公告。异议人不服的，可以依照本法第四十四条、第四十五条的规定向商标评审委员会请求宣告该注册商标无效。

商标局做出不予注册决定，被异议人不服的，可以自收到通知之日起十五日内向商标评审委员会申请复审。商标评审委员会应当自收到申请之日起十二个月内做出复审决定，并书面通知异议人和被异议人。有特殊情况需要延长的，经国务院工商行政管理部门批准，可以延长六个月。被异议人对商标评审委员会的决定不服的，可以自收到通知之日起三十日内向人民法院起诉。人民法院应当通知异议人作为第三人参加诉讼。

商标评审委员会在依照前款规定进行复审的过程中，所涉及的在先权利的确定必须以人民法院正在审理或者行政机关正在处理的另一案件的结果为依据的，可以中止审查。中止原因消除后，应当恢复审查程序。

第四十四条　已经注册的商标，违反本法第十条、第十一条、第十二条规定的，或者是以欺骗手段或者其他不正当手段取得注册的，由商标局宣告该注册商标无效；其他单位或者个人可以请求商标评审委员会宣告该注册商标无效。

商标局做出宣告注册商标无效的决定，应当书面通知当事人。当事人对商标局的决定不服的，可以自收到通知之日起十五日内向商标评审委员会申请复审。商标评审委员会应当自收到申请之日起九个月内做出决定，并书面通知当事人。有特殊情况需要延长的，经国务院工商行政管理部门批准，可以延长三个月。当事人对商标评审委员会的决定不服的，可以自收到通知之日起三十日内向人民法院起诉。

其他单位或者个人请求商标评审委员会宣告注册商标无效的，商标评审委员会收到申请后，应当书面通知有关当事人，并限期提出答辩。商标评审委员会应当自收到申请之日起九个月内做出维持注册商标或者宣告注册商标无效的裁定，并书面通知当事人。有特殊情况需要延长的，经国务院工商行政管理部门批准，可以延长三个月。当事人对商标评审委员会的裁定不服的，可以自收到通知之日起三十日内向人民法院起诉。人民法院应当通知商标裁定程序的对方当事人作为第三人参加诉讼。

115. 请问某企业申请注册一个商标，在商标局初步审定公告后，该企业即开始使用，并标注了注册商标标记，该企业的行为属于何

种行为？商标注册申请人何时取得商标专用权？

答：该企业行为属于冒充注册商标行为。商标专用权，是指商标所有人依法对其注册商标所享有的专有权利。我国《商标法》明确规定，经商标局核准注册的商标为注册商标，商标注册人享有商标专用权，受法律保护。因此，商标注册申请人自商标核准注册之日起取得商标专用权。

为了保护商标注册申请人的合法权益，我国《商标法》规定，经裁定异议不能成立而核准注册的，商标注册申请人自初审公告三个月期满之日起取得商标专用权。

【法律依据】

《中华人民共和国商标法》

第三条　经商标局核准注册的商标为注册商标，包括商品商标、服务商标和集体商标、证明商标；商标注册人享有商标专用权，受法律保护。

本法所称集体商标，是指以团体、协会或者其他组织名义注册，供该组织成员在商事活动中使用，以表明使用者在该组织中的成员资格的标志。

本法所称证明商标，是指由对某种商品或者服务具有监督能力的组织所控制，而由该组织以外的单位或者个人使用于其商品或者服务，用以证明该商品或者服务的原产地、原料、制造方法、质量或者其他特定品质的标志。

集体商标、证明商标注册和管理的特殊事项，由国务院工商行政管理部门规定。

第三十六条　法定期限届满，当事人对商标局做出的驳回申请决定、不予注册决定不申请复审或者对商标评审委员会做出的复审决定不向人民法院起诉的，驳回申请决定、不予注册决定或者复审决定生效。

经审查异议不成立而准予注册的商标，商标注册申请人取得商标专用权的时间自初步审定公告三个月期满之日起计算。自该商标公告期满之日起至准予注册决定做出前，对他人在同一种或者类似商品上使用与该商标相同或者近似的标志的行为不具有追溯力；但是，因该使用人的恶意给商标注册人造成的损失，应当给予赔偿。

116. 注册商标的有效期是如何确定的?

答：注册商标有效期，是指商标自获得注册之日起至该注册期满之日的期限。我国《商标法》规定，注册商标的有效期为十年，自核准注册之日起计算。

注册商标有效期的起始日为商标局注册商标的当日，由于注册商标有效期的起始日同时也是商标专用权有效期的起始日，而且《商标法》第三十六条第二款规定的商标专用权有效期起始于初步审定公告三个月期满之日。因此，注册商标有效期的起始日应当同注册商标专用权有效期的起始日一样，从商标初步审定公告的三个月期限届满之日即商标注册之日起算。

注册商标有效期的期满日与注册商标有效期的起始日相对应，十年后的相同月、日为注册商标有效期的期满日。

注册商标有效期满，需要继续使用的，应当在期满前 12 个月内申请续展注册；在此期间未能提出申请的，可以给予 6 个月的宽展期，宽展期满仍未提出申请的，注销其注册商标。每次继展注册的有效期为 10 年。

【法律依据】

《中华人民共和国商标法》

第三十九条　注册商标的有效期为十年，自核准注册之日起计算。

第四十条　注册商标有效期满，需要继续使用的，商标注册人应当在期满前十二个月内按照规定办理续展手续；在此期间未能办理的，可以给予六个月的宽展期。每次续展注册的有效期为十年，自该商标上一届有效期满次日起计算。期满未办理续展手续的，注销其注册商标。

商标局应当对续展注册的商标予以公告。

第三十六条　法定期限届满，当事人对商标局做出的驳回申请决定、不予注册决定不申请复审或者对商标评审委员会做出的复审决定不向人民法院起诉的，驳回申请决定、不予注册决定或者复审决定生效。

经审查异议不成立而准予注册的商标，商标注册申请人取得商标专用权的时间自初步审定公告三个月期满之日起计算。自该商标公告期满之日起至准予注册决定做出前，对他人在同一种或者类似商品上使用与该商标相同或者近似的标志的行为不具有追溯力；但是，因该使用人的恶意给商标注册人造成的损失，应当给予赔偿。

117. 转让注册商标的，应当经国家工商行政管理总局商标局核准，请问商标专用权自何时可以转让？如何转让？

答：商标局核准后公告之日起就可以转让。商标作为一项财产权利，是可以转让的，转让注册商标的，转让人和受让人应当签订转让协议，并共同向商标局提出申请。转让注册商标经核准后，予以公告。受让人自公告之日起享有商标专用权。

【法律依据】

《中华人民共和国商标法》

第四十二条　转让注册商标的，转让人和受让人应当签订转让协议，并共同向商标局提出申请。受让人应当保证使用该注册商标的商品质量。

转让注册商标的，商标注册人对其在同一种商品上注册的近似的商标，或者在类似商品上注册的相同或者近似的商标，应当一并转让。

对容易导致混淆或者有其他不良影响的转让，商标局不予核准，书面通知申请人并说明理由。

118. 注册商标如何许可他人使用？

答：依《商标法》规定，商标注册人可以通过签订商标使用许可合同，许可他人使用其注册商标。许可人应当监督被许可人使用其注册商标的商品质量。被许可人应当保证使用该注册商标的商品质量。

经许可使用他人注册商标的，必须在使用该注册商标的商品上标明被许可人的名称和商品产地。

许可他人使用其注册商标的，许可人应当将其商标使用许可报商标局备案，由商标局公告。商标使用许可未经备案不得对抗善意第三人。

【法律依据】

《中华人民共和国商标法》

第四十三条　商标注册人可以通过签订商标使用许可合同，许可他人使用其注册商标。许可人应当监督被许可人使用其注册商标的商品质量。被许可人应当保证使用该注册商标的商品质量。

经许可使用他人注册商标的，必须在使用该注册商标的商品上标明被许可人的名称和商品产地。

许可他人使用其注册商标的，许可人应当将其商标使用许可报商标局备案，由商标局公告。商标使用许可未经备案不得对抗善意第三人。

119. 什么是商标争议？处理商标争议应当经过哪些程序？

答：1. 商标争议是指对已经注册的商标存在争议，即两个注册商标所有人之间因两商标在相同或类似商品/服务上构成相同或近似所产生的商标权利的争端，或者驰名商标权利人因某注册商标与驰名商标构成相同或近似所产生的商标权利的争端。我国法律规定，对已经注册的商标有争议的，可以自该商标经核准注册之日起五年内，向商标评审委员会申请裁定。

这里规定的“对已经注册的商标有争议”，是指商标注册人对别人在他以后注册的商标，和他在同一种商品或者类似商品注册在先的商标相同或者近似而发生的争议。所以商标争议的实质是争议人认为在后注册的商标，与其在先注册的商标权益发生冲突，即与其在同种商品或者类似商品上注册在先的商标相同或近似，或者已经在市场上引起消费者的误认，因而提出限制该商标使用商品范围或者撤销商标注册。

2. 处理商标争议的程序

根据《中华人民共和国商标法》及《中华人民共和国商标法实施条例》的相关规定，处理商标争议的程序如下：

（1）申请人须依《商标法》及其实施细则规定，向商标评审委员会提出《注册商标争议裁定申请书》一式两份，提出争议理由。

（2）商标评审委员会将《注册商标争议裁定申请书》副本交被争议人，并限期答辩。答辩以书面形式进行。必要时，可以要求争议当事人双方公开答辩。

（3）商标评审委员会充分听取当事人双方的理由和事实，依据事实和法律规定作出裁定。争议理由成立，撤销被争议的商标；争议理由不能成立，维持被争议的商标。

（4）商标评审委员会的终局决定，以书面形式送达争议双方和商标局。

（5）当事人对商标评审委员会的裁定不服的，可以自收到通知之日起三十日内向人民法院起诉。人民法院应当通知商标裁定程序的对方当事人作为第三人参加诉讼。

（6）被异议商标在商标局作出准予注册决定或者不予注册决定前已经刊发注册公告的，撤销该注册公告。经审查异议不成立而准予注册的，在准予注册决定生效后重新公告。

【法律依据】

《中华人民共和国商标法》

第四十五条　已经注册的商标，违反本法第十三条第二款和第三款、第十五条、第十六条第一款、第三十条、第三十一条、第三十二条规定的，自商标注册之日起五年内，在先权利人或者利害关系人可以请求商标评审委员会宣告该注册商标无效。对恶意注册的，驰名商标所有人不受五年的时间限制。

商标评审委员会收到宣告注册商标无效的申请后，应当书面通知有关当事人，并限期提出答辩。商标评审委员会应当自收到申请之日起十二个月内做出维持注册商标或者宣告注册商标无效的裁定，并书面通知当事人。有特殊情况需要延长的，经国务院工商行政管理部门批准，可以延长六个月。当事人对商标评审委员会的裁定不服的，可以自收到通知之日起三十日内向人民法院起诉。人民法院应当通知商标裁定程序的对方当事人作为第三人参加诉讼。

商标评审委员会在依照前款规定对无效宣告请求进行审查的过程中，所涉及的在先权利的确定必须以人民法院正在审理或者行政机关正在处理的另一案件的结果为依据的，可以中止审查。中止原因消除后，应当恢复审查程序。

第四十六条　法定期限届满，当事人对商标局宣告注册商标无效的决定不申请复审或者对商标评审委员会的复审决定、维持注册商标或者宣告注册商标无效的裁定不向人民法院起诉的，商标局的决定或者商标评审委员会的复审决定、裁定生效。

【法规依据】

《中华人民共和国商标法实施条例》

第二十四条　对商标局初步审定予以公告的商标提出异议的，异议人应当向商标局提交下列商标异议材料一式两份并标明正、副本：

（一）商标异议申请书；

（二）异议人的身份证明；

（三）以违反商标法第十三条第二款和第三款、第十五条、第十六条第一款、第三十条、第三十一条、第三十二条规定为由提出异议的，异议人作为在先权利人或者利害关系人的证明。

商标异议申请书应当有明确的请求和事实依据，并附送有关证据材料。

第二十五条　商标局收到商标异议申请书后，经审查，符合受理条件的，予以受理，向申请人发出受理通知书。

第二十六条　商标异议申请有下列情形的，商标局不予受理，书面通知申请人并说明理由：

（一）未在法定期限内提出的；

（二）申请人主体资格、异议理由不符合商标法第三十三条规定的；

（三）无明确的异议理由、事实和法律依据的；

（四）同一异议人以相同的理由、事实和法律依据针对同一商标再次提出异议申请的。

第二十七条　商标局应当将商标异议材料副本及时送交被异议人，限其自收到商标异议材料副本之日起 30 日内答辩。被异议人不答辩的，不影响商标局作出决定。

当事人需要在提出异议申请或者答辩后补充有关证据材料的，应当在商标异议申请书或者答辩书中声明，并自提交商标异议申请书或者答辩书之日起 3 个月内提交；期满未提交的，视为当事人放弃补充有关证据材料。但是，在期满后生成或者当事人有其他正当理由未能在期满前提交的证据，在期满后提交的，商标局将证据交对方当事人并质证后可以采信。

第二十八条　商标法第三十五条第三款和第三十六条第一款所称不予注册决定，包括在部分指定商品上不予注册决定。

被异议商标在商标局作出准予注册决定或者不予注册决定前已经刊发注册公告的，撤销该注册公告。经审查异议不成立而准予注册的，在准予注册决定生效后重新公告。

120. 商标局在何种情况下可以撤销注册商标？

答：存在以下两种情形的情况下，商标局可以撤销注册商标：

（1）商标注册人在使用注册商标的过程中，自行改变注册商标、注册人名义、地址或者其他注册事项的，由地方工商行政管理部门责令限期改正；期满不改正的，由商标局撤销其注册商标。

（2）注册商标成为其核定使用的商品的通用名称或者没有正当理由连续三年不使用的，任何单位或者个人可以向商标局申请撤销该注册商标。

【法律依据】

《中华人民共和国商标法》

第四十九条　商标注册人在使用注册商标的过程中，自行改变注册商标、注册人名义、地址或者其他注册事项的，由地方工商行政管理部门责令限期改正；期满不改正的，由商标局撤销其注册商标。

注册商标成为其核定使用的商品的通用名称或者没有正当理由连续三年不使用的，任何单位或者个人可以向商标局申请撤销该注册商标。商标局应当自收到申请之日起九个月内做出决定。有特殊情况需要延长的，经国务院工商行政管理部门批准，可以延长三个月。

121. 侵犯注册商标专用权的行为有哪些？

答：以下行为是侵犯注册商标专用权的行为：

（1）未经商标注册人的许可，在同一种商品上使用与其注册商标相同的商标的；（2）未经商标注册人的许可，在同一种商品上使用与其注册商标近似的商标，或者在类似商品上使用与其注册商标相同或者近似的商标，容易导致混淆的；（3）销售侵犯注册商标专用权的商品的；（4）伪造、擅自制造他人注册商标标识或者销售伪造、擅自制造的注册商标标识的；（5）未经商标注册人同意，更换其注册商标并将该更换商标的商品又投入市场的；（6）故意为侵犯他人商标专用权行为提供便利条件，帮助他人实施侵犯商标专用权行为的；（7）给他人的注册商标专用权造成其他损害的。

【法律依据】

《中华人民共和国商标法》

第五十七条　有下列行为之一的，均属侵犯注册商标专用权：

（一）未经商标注册人的许可，在同一种商品上使用与其注册商标相同的商标的；

（二）未经商标注册人的许可，在同一种商品上使用与其注册商标近似的商标，或者在类似商品上使用与其注册商标相同或者近似的商标，容易导致混淆的；

（三）销售侵犯注册商标专用权的商品的；

（四）伪造、擅自制造他人注册商标标识或者销售伪造、擅自制造的注册商标标识的；

（五）未经商标注册人同意，更换其注册商标并将该更换商标的商品又投入市场的；

（六）故意为侵犯他人商标专用权行为提供便利条件，帮助他人实施侵犯商标专用权行为的；

（七）给他人的注册商标专用权造成其他损害的。

122. 对于侵犯商标专用权的行为，都有哪些解决途径？

答：对于侵犯商标专用权的行为，有以下三个途径解决：

（1）当事人协商解决；（2）向人民法院起诉；（3）请求工商行政管理部门处理。

【法律依据】

《中华人民共和国商标法》

第六十条第一款　有本法第五十七条所列侵犯注册商标专用权行为之一，引起纠纷的，由当事人协商解决；不愿协商或者协商不成的，商标注册人或者利害关系人可以向人民法院起诉，也可以请求工商行政管理部门处理。

123. 商标注册人或者利害关系人在哪些被侵权的情况下可以向

人民法院提起诉讼？

答：商标注册人或者利害关系人在以下的情况下可以向人民法院提起诉讼。

第一类：侵犯注册商标专用权的，包括下列行为：

（1）未经商标注册人的许可，在同一种商品上使用与其注册商标相同的商标的；

（2）未经商标注册人的许可，在同一种商品上使用与其注册商标近似的商标，或者在类似商品上使用与其注册商标相同或者近似的商标，容易导致混淆的；

（3）销售侵犯注册商标专用权的商品的；

（4）伪造、擅自制造他人注册商标标识或者销售伪造、擅自制造的注册商标标识的；

（5）未经商标注册人同意，更换其注册商标并将该更换商标的商品又投入市场的；

（6）故意为侵犯他人商标专用权行为提供便利条件，帮助他人实施侵犯商标专用权行为的；

（7）给他人的注册商标专用权造成其他损害的。

有上述侵犯注册商标专用权行为之一，引起纠纷的，由当事人协商解决；不愿协商或者协商不成的，商标注册人或者利害关系人可以向人民法院起诉，也可以请求工商行政管理部门处理。

第二类：对侵犯商标专用权赔偿数额的争议。

当事人可以请求进行处理的工商行政管理部门调解，也可以依照《中华人民共和国民事诉讼法》向人民法院起诉。经工商行政管理部门调解，当事人未达成协议或者调解书生效后不履行的，当事人可以依照《中华人民共和国民事诉讼法》向人民法院起诉。

【法律依据】

《中华人民共和国商标法》

第五十七条　有下列行为之一的，均属侵犯注册商标专用权：

（一）未经商标注册人的许可，在同一种商品上使用与其注册商标相同的商标的；

（二）未经商标注册人的许可，在同一种商品上使用与其注册商标近似的商标，或者在类似商品上使用与其注册商标相同或者近似的商标，容易导致混淆的；

（三）销售侵犯注册商标专用权的商品的；

（四）伪造、擅自制造他人注册商标标识或者销售伪造、擅自制造的注册商标标识的；

（五）未经商标注册人同意，更换其注册商标并将该更换商标的商品又投入市场的；

（六）故意为侵犯他人商标专用权行为提供便利条件，帮助他人实施侵犯商标专用权行为的；

（七）给他人的注册商标专用权造成其他损害的。

第六十条第一款　有本法第五十七条所列侵犯注册商标专用权行为之一，引起纠纷的，由当事人协商解决；不愿协商或者协商不成的，商标注册人或者利害关系人可以向人民法院起诉，也可以请求工商行政管理部门处理。

第三款　对侵犯商标专用权的赔偿数额的争议，当事人可以请求进行处理的工商行政管理部门调解，也可以依照《中华人民共和国民事诉讼法》向人民法院起诉。经工商行政管理部门调解，当事人未达成协议或者调解书生效后不履行的，当事人可以依照《中华人民共和国民事诉讼法》向人民法院起诉。

124. 我从某国企辞职，曾在该国企申请了一个发明专利，请问哪些属于职务发明创造？如何确定职务发明创造的归属？

答：依据我国《专利法》规定，执行本单位的任务或者主要是利用本单位的物质技术条件所完成的发明创造为职务发明创造。由此可见，在我国，职务发明创造分两类：一类是主要利用本单位的物质条件所完成的发明创造；另一类是执行本单位任务所完成的发明创造。你职务发明创造申请专利的权利属于该单位；申请被批准后，该单位为专利权人。但如果单位与发明人或者设计人订有合同，对申请专利的权利和专利权的归属作出约定的，从其约定。

【法律依据】

《中华人民共和国专利法》

第六条　执行本单位的任务或者主要是利用本单位的物质技术条件所完成的发明创造为职务发明创造。职务发明创造申请专利的权利属于该单位；申请被批准后，该单位为专利权人。

非职务发明创造，申请专利的权利属于发明人或者设计人；申请被批准后，该发明人或者设计人为专利权人。

利用本单位的物质技术条件所完成的发明创造，单位与发明人或者设计人订有合同，对申请专利的权利和专利权的归属作出约定的，从其约定。

125. 共同发明创造的归属如何确定?

答：依照我国《专利法》第八条规定，共同发明创造是指，两个以上单位或者个人合作完成的发明创造、一个单位或者个人接受其他单位或者个人委托所完成的发明创造。

对共同发明创造的归属，除另有协议的以外，申请专利的权利属于完成或者共同完成的单位或者个人；申请被批准后，申请的单位或者个人为专利权人。

【法律依据】

《中华人民共和国专利法》

第八条　两个以上单位或者个人合作完成的发明创造、一个单位或者个人接受其他单位或者个人委托所完成的发明创造，除另有协议的以外，申请专利的权利属于完成或者共同完成的单位或者个人；申请被批准后，申请的单位或者个人为专利权人。

126. 授予专利权的发明和实用新型应当具备哪些条件?

答：根据我国《专利法》规定，授予专利权的发明和实用新型，应当具备新颖性、创造性和实用性。

新颖性，是指该发明或者实用新型不属于现有技术；也没有任何单位或者个人就同样的发明或者实用新型在申请日以前向国务院专利行政部门提出过申请，并记载在申请日以后公布的专利申请文件或者公告的专利文件中。

创造性，是指与现有技术相比，该发明具有突出的实质性特点和显著的进步，该实用新型具有实质性特点和进步。

实用性，是指该发明或者实用新型能够制造或者使用，并且能够产生积极效果。

【法律依据】

《中华人民共和国专利法》

第二十二条　授予专利权的发明和实用新型，应当具备新颖性、创造性和实用性。

新颖性，是指该发明或者实用新型不属于现有技术；也没有任何单位或者个人就同样的发明或者实用新型在申请日以前向国务院专利行政部门提出过申请，并记载在申请日以后公布的专利申请文件或者公告的专利文件中。

创造性，是指与现有技术相比，该发明具有突出的实质性特点和显著的进步，该实用新型具有实质性特点和进步。

实用性，是指该发明或者实用新型能够制造或者使用，并且能够产生积极效果。

本法所称现有技术，是指申请日以前在国内外为公众所知的技术。

127. 按照法律规定，哪些事项不能被授予专利权？我公司生产滑板，大街小巷都有人玩，技术部老李设计出一套滑板比赛的评分标准，它能不能被授予专利？

答：一项发明创造能否被授予专利，取决于它是否满足《专利法》的规定。专利是受法律规范保护的发明创造，它是指一项发明创造向国家审批机关提出专利申请，经依法审查合格后向专利申请人授予的在规定的时间内对该项发明创造享有的专有权。

我国《专利法》规定以下行为不能授予专利权：

（1）科学发现；（2）智力活动的规则和方法；（3）疾病的诊断和治疗方法；（4）动物和植物品种；（5）用原子核变换方法获得的物质；（6）对平面印

刷品的图案、色彩或者二者的结合作出的主要起标识作用的设计。

你公司技术人员设计的滑板比赛的评分标准，属于智力活动的规则和方法一类，所以不能授予专利。

【法律依据】

《中华人民共和国专利法》

第二十五条　对下列各项，不授予专利权：

（一）科学发现；

（二）智力活动的规则和方法；

（三）疾病的诊断和治疗方法；

（四）动物和植物品种；

（五）用原子核变换方法获得的物质；

（六）对平面印刷品的图案、色彩或者二者的结合作出的主要起标识作用的设计。

对前款第（四）项所列产品的生产方法，可以依照本法规定授予专利权。

128. 发明专利申请有哪些程序？

答：(1) 申请：由专利申请人向国家知识产权局所属的专利局提出申请。

(2) 初步审查：国务院专利行政部门收到发明专利申请后，经初步审查认为符合《专利法》要求的，自申请日起满十八个月，即行公布。国务院专利行政部门可以根据申请人的请求早日公布其申请。

(3) 实质审查：发明专利申请自申请日起三年内，国务院专利行政部门可以根据申请人随时提出的请求，对其申请进行实质审查。国务院专利行政部门认为必要的时候，可以自行对发明专利申请进行实质审查。

(4) 登记：发明专利申请经实质审查没有发现驳回理由的，由国务院专利行政部门作出授予发明专利权的决定，发给发明专利证书，同时予以登记和公告。发明专利权自公告之日起生效。

(5) 驳回申请：国务院专利行政部门对发明专利申请进行实质审查后，认为不符合《专利法》规定的，并且经申请人陈述意见或者进行修改后，国务院专利行政部门仍然认为不符合本法规定的，应当予以驳回。

（6）复审：专利申请人对国务院专利行政部门驳回申请的决定不服的，可以自收到通知之日起三个月内，向专利复审委员会请求复审。

（7）无效申请：自国务院专利行政部门公告授予专利权之日起，任何单位或者个人认为该专利权的授予不符合《专利法》有关规定的，可以请求专利复审委员会宣告该专利权无效。

（8）行政诉讼：专利申请人对专利复审委员会驳回申请的复审决定不服的，当事人对专利复审委员会宣告专利权无效或者维持专利权的决定不服的，可以自收到通知之日起三个月内向人民法院起诉。

【法律依据】

《中华人民共和国专利法》

第二十六条　申请发明或者实用新型专利的，应当提交请求书、说明书及其摘要和权利要求书等文件。

请求书应当写明发明或者实用新型的名称，发明人的姓名，申请人姓名或者名称、地址，以及其他事项。

说明书应当对发明或者实用新型作出清楚、完整的说明，以所属技术领域的技术人员能够实现为准；必要的时候，应当有附图。摘要应当简要说明发明或者实用新型的技术要点。

权利要求书应当以说明书为依据，清楚、简要地限定要求专利保护的范围。

依赖遗传资源完成的发明创造，申请人应当在专利申请文件中说明该遗传资源的直接来源和原始来源；申请人无法说明原始来源的，应当陈述理由。

第三十四条　国务院专利行政部门收到发明专利申请后，经初步审查认为符合本法要求的，自申请日起满十八个月，即行公布。国务院专利行政部门可以根据申请人的请求早日公布其申请。

第三十五条　发明专利申请自申请日起三年内，国务院专利行政部门可以根据申请人随时提出的请求，对其申请进行实质审查；申请人无正当理由逾期不请求实质审查的，该申请即被视为撤回。

国务院专利行政部门认为必要的时候，可以自行对发明专利申请进行实质审查。

第三十七条　国务院专利行政部门对发明专利申请进行实质审查后，认为不符合本法规定的，应当通知申请人，要求其在指定的期限内陈述意见，或者对其申请进行修改；无正当理由逾期不答复的，该申请即被视为撤回。

第三十八条　发明专利申请经申请人陈述意见或者进行修改后，国务院专利行政部门仍然认为不符合本法规定的，应当予以驳回。

第三十九条　发明专利申请经实质审查没有发现驳回理由的，由国务院专利行政部门作出授予发明专利权的决定，发给发明专利证书，同时予以登记和公告。发明专利权自公告之日起生效。

第四十一条　国务院专利行政部门设立专利复审委员会。专利申请人对国务院专利行政部门驳回申请的决定不服的，可以自收到通知之日起三个月内，向专利复审委员会请求复审。专利复审委员会复审后，作出决定，并通知专利申请人。

专利申请人对专利复审委员会的复审决定不服的，可以自收到通知之日起三个月内向人民法院起诉。

129. 申请发明或者实用新型专利应当提交哪些文件？都有哪些具体要求？

答：1. 申请发明或者实用新型专利的，应当提交请求书、说明书及其摘要和权利要求书等文件。

2. 对上述文件的具体要求分别如下：

请求书应当写明发明或者实用新型的名称，发明人的姓名，申请人姓名或者名称、地址，以及其他事项。

说明书应当对发明或者实用新型作出清楚、完整的说明，以所属技术领域的技术人员能够实现为准；必要的时候，应当有附图。摘要应当简要说明发明或者实用新型的技术要点。

权利要求书应当以说明书为依据，清楚、简要地限定要求专利保护的范围。

依赖遗传资源完成的发明创造，申请人应当在专利申请文件中说明该遗传资源的直接来源和原始来源；申请人无法说明原始来源的，应当陈述理由。

【法律依据】

《中华人民共和国专利法》

第二十六条　申请发明或者实用新型专利的，应当提交请求书、说明书及其摘要和权利要求书等文件。

请求书应当写明发明或者实用新型的名称，发明人的姓名，申请人姓名或者名称、地址，以及其他事项。

说明书应当对发明或者实用新型作出清楚、完整的说明，以所属技术领域的技术人员能够实现为准；必要的时候，应当有附图。摘要应当简要说明发明或者实用新型的技术要点。

权利要求书应当以说明书为依据，清楚、简要地限定要求专利保护的范围。

依赖遗传资源完成的发明创造，申请人应当在专利申请文件中说明该遗传资源的直接来源和原始来源；申请人无法说明原始来源的，应当陈述理由。

130. 在哪些情况下，专利申请人可以主张优先权？应当办理哪些手续？

答：1. 优先权分为外国优先权和本国优先权。

所谓外国优先权是指申请人自发明或者实用新型在外国第一次提出专利申请之日起 12 个月内，或者自外观设计在外国第一次提出专利申请之日起 6 个月内，又在中国就相同主题提出专利申请的，依照该外国同中国签订的协议或者共同参加的国际条约，或者依照相互承认优先权的原则，可以享有优先权，即以其在外国第一次提出申请之日为申请日。其原则同样适用于我国申请人向外国提出专利申请。

所谓本国优先权是指申请人自发明或者实用新型在中国第一次提出专利申请之日起 12 个月内，又向国务院专利行政部门就相同主题提出专利申请的，可以享有优先权。外观设计不享有本国优先权。

2. 申请人要求优先权的，应当在申请的时候提出书面声明，并且在三个月内提交第一次提出的专利申请文件的副本；未提出书面声明或者逾期未提交专利申请文件副本的，视为未要求优先权。在书面声明中申请人应当写明第一次提出专利申请（以下称在先申请）的申请日、申请号和受理该申请的国家；书面声明中未写明在先申请的申请日和受理该申请的国家的，视为未提出声明。

申请人要求外国优先权的，申请人提交的在先申请文件副本应为经受理申请的国家的受理机关证明的在先申请文件副本；提交的证明材料中，在先申请人的姓名或者名称与在后申请的申请人姓名或者名称不一致的，应当提交优先权转让证明材料。

申请人要求本国优先权的，按规定应当提交专利局证明的在先申请文件副本。申请时未提出要求优先权的书面声明，或者在三个月内未提交在外国第一次提出专利申请文件的副本的，视为未要求优先权。

【法律依据】

《中华人民共和国专利法》

第二十九条　申请人自发明或者实用新型在外国第一次提出专利申请之日起十二个月内，或者自外观设计在外国第一次提出专利申请之日起六个月内，又在中国就相同主题提出专利申请的，依照该外国同中国签订的协议或者共同参加的国际条约，或者依照相互承认优先权的原则，可以享有优先权。

申请人自发明或者实用新型在中国第一次提出专利申请之日起十二个月内，又向国务院专利行政部门就相同主题提出专利申请的，可以享有优先权。

第三十条　申请人要求优先权的，应当在申请的时候提出书面声明，并且在三个月内提交第一次提出的专利申请文件的副本；未提出书面声明或者逾期未提交专利申请文件副本的，视为未要求优先权。

131. 专利申请人在什么情况下可以提请专利复审？应当经过哪些程序？

答：1. 根据我国《专利法》规定，专利申请人对国务院专利行政部门驳回申请的决定不服的，可以自收到通知之日起三个月内，向专利复审委员会请求复审。因此，专利申请人在接到驳回专利申请通知后三个月的时间内可以决定是否请求复审。

2. 专利复审经过程序如下：

专利申请被驳回提出专利申请复审（3个月内）→ 形式审查→专利复审前置审查→专利复审委员会审查→维持驳回决定或撤销驳回决定→驳回不服司法救济程序

（1）专利复审审查

专利复审委员会经过形式审查受理复审请求从而启动复审程序后，首先将复审请求书（包括附具的证明文件和修改后的申请文件）连同原申请案卷一并送交作出驳回申请决定的原审查部门进行前置审查。原审查部门应当向专利复审委员会提出“前置审查意见书”。除特殊情况外，原审查部门应当在自收到案卷之日起1个月内完成前置审查。原审查部门在前置审查意见中同意撤销原驳回决定的，专利复审委员会直接作出撤销原驳回决定的复审决定，通知复审请求人，并且由原审查部门继续进行审批。原审查部门在前置审查意见中坚持原驳回决定的，专利复审委员会成立合议组进行审查。

（2）专利复审决定的作出

合议组经审查后作出复审决定。复审决定有两大类，一类是撤销原驳回决定。专利申请将恢复到作出驳回决定前的状态，国务院专利行政部门继续进行审查程序。另一类是维持原驳回决定。在这种情况下，专利申请人对专利复审委员会作出的维持原驳回决定不服的，可以在法定期限内进入后续司法救济程序。

（3）专利复审后续的司法救济程序

根据《专利法》第四十一条第二款的规定，专利申请人对专利复审委员会作出的复审决定不服的，可以自收到通知之日起3个月内向人民法院起诉。专利申请人未在规定的期限内起诉的，复审决定生效。专利申请人向法院起诉的，根据法院管辖权的相关规定，专利纠纷第一审案件，由各省、自治区、直辖市人民政府所在地的中级人民法院和最高人民法院指定的中级人民法院管辖。

【法律依据】

《最高人民法院关于审理专利纠纷案件适用法律问题的若干规定》

第二条 专利纠纷第一审案件，由各省、自治区、直辖市人民政府所在地的中级人民法院和最高人民法院指定的中级人民法院管辖。

最高人民法院根据实际情况，可以指定基层人民法院管辖第一审专利纠纷案件。

132. 专利权的保护期限是多少年？

答：发明专利权的期限为二十年，实用新型专利权和外观设计专利权的期限为十年，均自申请日起计算。

【法律依据】

《中华人民共和国专利法》

第四十二条　发明专利权的期限为二十年，实用新型专利权和外观设计专利权的期限为十年，均自申请日起计算。

133. 哪些情况可以给予实施专利权的强制许可？

答：所谓专利实施的强制许可是指并非出于专利权人自愿，而是国家专利行政机关根据法律规定强制专利权人许可他人实施发明或实用新型专利的一种法律制度。

我国《专利法》规定了三种强制许可，即一般强制许可、特殊强制许可、交叉强制许可。

1. 一般强制许可

一般强制许可是指具备实施条件的单位以合理的条件请求发明或实用新型专利权人许可实施其专利，而未能在合理长的时间内获得这种许可时，国务院专利行政管理部门根据该单位的申请，给予该发明专利或者实用新型专利的强制许可。一般强制许可具体包括：

（1）专利权人自专利权被授予之日起满三年，且自提出专利申请之日起满四年，无正当理由未实施或者未充分实施其专利的；

（2）专利权人行使专利权的行为被依法认定为垄断行为，为消除或者减少该行为对竞争产生的不利影响的。

2. 特殊强制许可

特殊强制许可是当法律规定的特殊情况出现时，为了国家和社会公共利益，国务院专利行政部门有权决定对专利权人的专利给予强制许可使用，以维持社会的稳定和保障公众的利益。特殊强制许可具体包括：

（1）国家出现紧急状态或者非常情况时，或者为了公共利益的目的的强制许可。

《专利法》第四十九条规定，在国家出现紧急状态或非常情况时，或者为了公共利益的目的，国务院专利行政管理部门可以给予实施发明专利或者实用新型专利的强制许可。

（2）为了公共健康目的药品类专利权的强制许可。

《专利法》第五十条规定，为了公共健康目的，对取得专利权的药品，国务院专利行政部门可以给予制造并将其出口到符合中华人民共和国参加的有关国际条约规定的国家或者地区的强制许可。

（3）半导体技术的强制许可。

《专利法》第五十二条规定，强制许可涉及的发明创造为半导体技术的，其实施限于公共利益的目的和专利权人行使专利权的行为被依法认定为垄断行为，为消除或者减少该行为对竞争产生的不利影响的情形。

3. 交叉强制许可

交叉强制许可又称为相互许可，是指一项取得专利权的发明或实用新型比前已经取得专利权的发明或实用新型具有显著经济意义的重大技术进步，其实施又依赖于前一发明或实用新型的实施，国务院专利行政管理部门根据后专利权人的申请可以给予实施前发明或实用新型的强制许可，在给予后专利权人实施情况下，国务院专利行政管理部门根据前专利权人的申请，也可以给予实施后发明或实用新型的强制许可。

【法律依据】

《中华人民共和国专利法》

第四十八条　有下列情形之一的，国务院专利行政部门根据具备实施条件的单位或者个人的申请，可以给予实施发明专利或者实用新型专利的强制许可：

（一）专利权人自专利权被授予之日起满三年，且自提出专利申请之日起满四年，无正当理由未实施或者未充分实施其专利的；

（二）专利权人行使专利权的行为被依法认定为垄断行为，为消除或者减少该行为对竞争产生的不利影响的。

第四十九条　在国家出现紧急状态或者非常情况时，或者为了公共利益的目的，国务院专利行政部门可以给予实施发明专利或者实用新型专利的强制许可。

第五十条　为了公共健康目的，对取得专利权的药品，国务院专利行政部门可以给予制造并将其出口到符合中华人民共和国参加的有关国际条约规定的国家或者地区的强制许可。

第五十一条　一项取得专利权的发明或者实用新型比前已经取得专利权的发明或者实用新型具有显著经济意义的重大技术进步，其实施又有赖于前一发明或者实用新型的实施的，国务院专利行政部门根据后一专利权人的申请，可以给予实施前一发明或者实用新型的强制许可。

在依照前款规定给予实施强制许可的情形下，国务院专利行政部门根据前一专利权人的申请，也可以给予实施后一发明或者实用新型的强制许可。

第五十二条　强制许可涉及的发明创造为半导体技术的，其实施限于公共利益的目的和本法第四十八条第（二）项规定的情形。

134. 在哪些情形下，被授予专利的发明创造可以被申请宣告无效？

答：被授予专利的发明创造有下列情形之一的，可以被宣告无效：

（1）被授予专利权的发明专利或实用新型专利申请不具有新颖性、创造性或实用性；

（2）被授予专利权的外观设计专利申请为现有设计、不具有明显区别或与在先取得的合法权利相冲突；

（3）被授予专利权的发明专利或实用新型专利不是新的技术方案，被授予专利权外观设计专利申请不具有美感或者非新设计；

（4）被授予专利权的发明专利或实用新型专利没有经过保密审查即向外国申请专利；

（5）被授予专利权的发明专利或实用新型专利的申请文件不清楚、不完整、不能实现，权利要求书没有以说明书为依据，不清楚、不简要；

（6）被授予专利权的外观设计专利没有清楚显示要求保护的产品；

（7）对专利申请文件的修改超出原始申请文件记载的范围；

（8）独立权利要求没有从整体上反映发明专利或实用新型的技术方案，记载解决技术问题的必要技术特征；

（9）分案申请的文件超出原申请记载的范围；

（10）发明专利创造违反国家法律、社会公德或妨害公共利益；

（11）不属于专利权授权的范围，违反《专利法》第二十五的规定。

申请人提出的申请专利权无效宣告请示，专利申请复审委员会受理后，申请人从受理之日起一个月内还可以补充、修改、增加证据，在规定的一个月期间外提供新的证据或对原提供的证据作修改、补充的，专利申请复审委员会可不予考虑。

【法律依据】

《中华人民共和国专利法》

第四十五条　自国务院专利行政部门公告授予专利权之日起，任何单位或者个人认为该专利权的授予不符合本法有关规定的，可以请求专利复审委员会宣告该专利权无效。

【法规依据】

《中华人民共和国专利法实施细则》

第六十五条　依照专利法第四十五条的规定，请求宣告专利权无效或者部分无效的，应当向专利复审委员会提交专利权无效宣告请求书和必要的证据一式两份。无效宣告请求书应当结合提交的所有证据，具体说明无效宣告请求的理由，并指明每项理由所依据的证据。

前款所称无效宣告请求的理由，是指被授予专利的发明创造不符合专利法第二条、第二十条第一款、第二十二条、第二十三条、第二十六条第三款、第四款、第二十七条第二款、第三十三条或者本细则第二十条第二款、第四十三条第一款的规定，或者属于专利法第五条、第二十五条的规定，或者依照专利法第九条规定不能取得专利权。

135. 侵犯专利权的行为有哪些？

答：专利侵权行为是指在专利权有效期限内，行为人未经专利权人许可又无法律依据，以营利为目的实施他人专利的行为。

专利侵权行为分为直接侵权行为和间接侵权行为两类。

(1) 直接侵权行为。这是指直接由行为人实施的侵犯他人专利权的行为。其表现形式包括：

①制造发明、实用新型、外观设计专利产品的行为；

②使用发明、实用新型专利产品的行为；

③许诺销售发明、实用新型专利产品的行为；

④销售发明、实用新型或外观设计专利产品的行为；

⑤进口发明、实用新型、外观设计专利产品的行为；

⑥使用专利方法以及使用、许诺销售、销售、进口依照该专利方法直接获得的产品的行为；

⑦假冒他人专利的行为。

(2) 间接侵权行为。为生产经营目的使用或者销售不知道是未经专利权人许可而制造并售出的专利产品或者依照专利方法直接获得的产品，能证明其产品合法来源的，仍然属于侵犯专利权的行为，需要停止侵害但不承担赔偿责任。

【法律依据】

《中华人民共和国专利法》

第十一条　发明和实用新型专利权被授予后，除本法另有规定的以外，任何单位或者个人未经专利权人许可，都不得实施其专利，即不得为生产经营目的制造、使用、许诺销售、销售、进口其专利产品，或者使用其专利方法以及使用、许诺销售、销售、进口依照该专利方法直接获得的产品。

外观设计专利权被授予后，任何单位或者个人未经专利权人许可，都不得实施其专利，即不得为生产经营目的制造、许诺销售、销售、进口其外观设计专利产品。

【法规依据】

《中华人民共和国专利法实施细则》

第八十四条　下列行为属于专利法第六十三条规定的假冒专利的行为：

（一）在未被授予专利权的产品或者其包装上标注专利标识，专利权被宣告无效后或者终止后继续在产品或者其包装上标注专利标识，或者未经许可在产品或者产品包装上标注他人的专利号；

（二）销售第（一）项所述产品；

（三）在产品说明书等材料中将未被授予专利权的技术或者设计称为专利技术或者专利设计，将专利申请称为专利，或者未经许可使用他人的专利号，使公众将所涉及的技术或者设计误认为是专利技术或者专利设计；

（四）伪造或者变造专利证书、专利文件或者专利申请文件；

（五）其他使公众混淆，将未被授予专利权的技术或者设计误认为是专利技术或者专利设计的行为。

专利权终止前依法在专利产品、依照专利方法直接获得的产品或者其包装上标注专利标识，在专利权终止后许诺销售、销售该产品的，不属于假冒专利行为。

销售不知道是假冒专利的产品，并且能够证明该产品合法来源的，由管理专利工作的部门责令停止销售，但免除罚款的处罚。

136. 哪些情况可以被视为专利权的权利用尽？

答：所谓专利权的权利用尽，是指专利权人制造、进口或者经专利权人许可而制造、进口的专利产品或者依照专利方法直接获得的产品售出后，任何人再使用、许诺销售、销售、进口该专利产品的，不视为专利权。值得注意的是，《专利法》规定的“权利用尽”仅限于专利产品和依专利方法直接获得的产品，而不涉及专利方法本身。

当专利产品或者依照专利方法直接获得的产品，由专利权人或者经其许可的单位、个人售出后，使用、许诺销售、销售、进口该产品的，视为专利权的权利用尽。

专利权用尽是知识产权法上的权利穷竭原则在专利法领域的表现。因为专利权通过其第一次合法销售已取得了合理的利益，如果允许其权利延续到销售后的产品的流通和使用上，则显然会给公众的生活带来不便，妨碍商品的流通，不利于商品经济。因此，为防止对专利权的保护超过合理限度、对正常的经济秩序产生不良影响，该规定是十分必要的。

【法律依据】

《中华人民共和国专利法》

第六十九条　有下列情形之一的，不视为侵犯专利权：

（一）专利产品或者依照专利方法直接获得的产品，由专利权人或者经其许可的单位、个人售出后，使用、许诺销售、销售、进口该产品的；

（二）在专利申请日前已经制造相同产品、使用相同方法或者已经作好制造、使用的必要准备，并且仅在原有范围内继续制造、使用的；

（三）临时通过中国领陆、领水、领空的外国运输工具，依照其所属国同中国签订的协议或者共同参加的国际条约，或者依照互惠原则，为运输工具自身需要而在其装置和设备中使用有关专利的；

（四）专为科学研究和实验而使用有关专利的；

（五）为提供行政审批所需要的信息，制造、使用、进口专利药品或者专利医疗器械的，以及专门为其制造、进口专利药品或者专利医疗器械的。

137. 专利权和专利申请权如何转让？

答：1. 我国法律规定，专利申请权和专利权都可以转让。

（1）我国法律规定，职务发明创造，申请专利的权利属于发明人或者设计人任职的单位；非职务发明创造，申请专利的权利属于发明人或者设计人。拥有申请专利的权利的单位或个人可以将其专利申请权转让他人。转让后，受让人成为新的专利申请权人，继受取得原专利申请权人的全部权利和义务。（署名权除外）

（2）专利权是依法取得的财产权利。专利权人可以按照自己的意愿依法处分其专利权，既可以收取转让费有偿转让其专利权，也可以以赠予等方式无偿转让其专利权。专利权转让后，专利权的主体变更，受让人成为新的专利权人，对取得专利的发明创造享有独占权，同时应履行专利权人的义务，如缴纳专利年费等。

2. 我国法律规定，转让专利申请权和专利权，须遵守以下规定：

（1）中国单位或者个人向外国人转让专利申请权或者专利权的，必须经国务院有关主管部门批准。这里讲的“中国单位”，包括依法取得中国法人资格的各类法人和其他组织；这里讲的中国“个人”，是指我国的公民。当然，香港、澳门两个特别行政区的单位和个人除外。因为按照香港、澳门两个特别行政区基本法的规定，因本法未列入两个基本法的附件三中，因而不适用于香港、澳门两个特别行政区。中国的单位或者个人向外国的企业、其他组织或者个人转让专利申请权或者专利权的，须按规定报国务院有关主管部门，经国务院有关主管部门批准后，方可转让。

（2）转让专利申请权或者专利权的，让与人与受让人应当订立合同。该合同为要式合同，即必须以书面形式订立。对转让专利申请权或者专利权的合同，除本法或有关行政法规另有规定的以外，应适用《中华人民共和国合同法》的有关规定。

（3）转让专利申请权或者专利权的让与人与受让人订立转让合同后，应当向国务院专利行政部门办理登记。专利申请权或者专利权的转让自登记之日起生效。需要指出的是，当事人办理登记，是专利申请权或者专利权转移生效的要件，而不是转让合同生效的要件。依照《合同法》的规定，依法成立的转让专利申请权或者转让专利权的合同，自成立时即生效，当事人一方不得以未经登记为由主张合同无效。合同成立后，因未向国务院专利行政部门办理登记手续使转让不生效的，当事人应当依法补办登记手续。

（4）按照国务院发布的《国防专利条例》的规定，国防专利申请权和国防专利权只能向国内的中国单位或者中国公民转让，禁止向国外的单位或者个人转让。转让国防专利申请权或者国防专利权的，属于全民所有制单位的，须经该单位上级主管部门批准；属于集体所有制单位或者个人的，须经国防专利局批准。向中外合资经营企业、中外合作经营企业转让国防专利申请权或者国防专利权的，须向国防专利局提出申请，由国防专利局报国防科工委批准。

3. 国务院专利行政部门对已经登记的专利申请权或者专利权的转让，应当予以公告，使公众可以知晓专利申请权或者专利权主体的变更情况。

【法律依据】

《中华人民共和国专利法》

第十条　专利申请权和专利权可以转让。

中国单位或者个人向外国人、外国企业或者外国其他组织转让专利申请权或者专利权的，应当依照有关法律、行政法规的规定办理手续。

转让专利申请权或者专利权的，当事人应当订立书面合同，并向国务院专利行政部门登记，由国务院专利行政部门予以公告。专利申请权或者专利权的转让自登记之日起生效。

【法规依据】

《中华人民共和国专利法实施细则》

第十四条　除依照专利法第十条规定转让专利权外，专利权因其他事由发生转移的，当事人应当凭有关证明文件或者法律文书向国务院专利行政部门办理专利权转移手续。

专利权人与他人订立的专利实施许可合同，应当自合同生效之日起3个月内向国务院专利行政部门备案。

以专利权出质的，由出质人和质权人共同向国务院专利行政部门办理出质登记。

【法规依据】

《国防专利条例》

第八条　禁止向国外的单位和个人以及在国内的外国人和外国机构转让国防专利申请权和国防专利权。

第九条　需要委托专利代理机构申请国防专利和办理其他国防专利事务的，应当委托国防专利机构指定的专利代理机构办理。专利代理机构及其工作人员对在办理国防专利申请和其他国防专利事务过程中知悉的国家秘密，负有保密义务。

138. 侵犯专利权的解决途径有哪些？

答：因侵犯其专利权引起纠纷的，由当事人协商解决；不愿协商或者协商不成的，专利权人或者利害关系人可以请求管理专利工作的部门处理，也可以向人民法院起诉。

管理专利工作的部门处理时，认定侵权行为成立的，可以责令侵权人立即停止侵权行为。

进行处理的管理专利工作的部门应当事人的请求，可以就侵犯专利权的赔偿数额进行调解；调解不成的，当事人可以依照《中华人民共和国民事诉讼法》向人民法院起诉。

【法律依据】

《中华人民共和国专利法》

第六十条 未经专利权人许可，实施其专利，即侵犯其专利权，引起纠纷的，由当事人协商解决；不愿协商或者协商不成的，专利权人或者利害关系人可以向人民法院起诉，也可以请求管理专利工作的部门处理。管理专利工作的部门处理时，认定侵权行为成立的，可以责令侵权人立即停止侵权行为，当事人不服的，可以自收到处理通知之日起十五日内依照《中华人民共和国行政诉讼法》向人民法院起诉；侵权人期满不起诉又不停止侵权行为的，管理专利工作的部门可以申请人民法院强制执行。进行处理的管理专利工作的部门应当事人的请求，可以就侵犯专利权的赔偿数额进行调解；调解不成的，当事人可以依照《中华人民共和国民事诉讼法》向人民法院起诉。

139. 什么叫商业秘密？

答：商业秘密，是指不为公众所知悉、能为权利人带来经济利益、具有实用性并经权利人采取保密措施的技术信息和经营信息。

【法律依据】

《中华人民共和国反不正当竞争法》

第十条 经营者不得采用下列手段侵犯商业秘密：

（一）以盗窃、利诱、胁迫或者其他不正当手段获取权利人的商业秘密；

（二）披露、使用或者允许他人使用以前项手段获取的权利人的商业秘密；

（三）违反约定或者违反权利人有关保守商业秘密的要求，披露、使用或者允许他人使用其所掌握的商业秘密。

第三人明知或者应知前款所列违法行为，获取、使用或者披露他人的商业秘密，视为侵犯商业秘密。

本条所称的商业秘密，是指不为公众所知悉、能为权利人带来经济利益、具有实用性并经权利人采取保密措施的技术信息和经营信息。

140. 采取保密措施的方式有哪些?

答：我国现阶段保护商业秘密的措施主要有：建立保密制度、订立保密协议、采取其他合理的保密措施。

（1）制定内部的保密规章制度，比如订立企业内部资料、文件、图纸的管理方法以及职工守则；将有关信息明确列为保密事项。

（2）订立保密协议，如在聘用合同中明确规定在一定时期内不得调动，泄露商业秘密的责任，走时将资料、图纸等交还等。

（3）其他合理的保密措施，加强对某些特殊领域的管理工作。如对涉及商业秘密的关键部门、车间、资料室，严格限定人员出入、加强内室保密措施、禁止参观等。

【规章】

《中央企业商业秘密保护暂行规定》

第十九条　中央企业与员工签订的劳动合同中应当含有保密条款。

中央企业与涉密人员签订的保密协议中，应当明确保密内容和范围、双方的权利与义务、协议期限、违约责任。

中央企业应当根据涉密程度等与核心涉密人员签订竞业限制协议，协议中应当包含经济补偿条款。

第二十一条　中央企业涉及商业秘密的咨询、谈判、技术评审、成果鉴定、合作开发、技术转让、合资入股、外部审计、尽职调查、清产核资等活动，应当与相关方签订保密协议。

第二十四条　对涉密岗位较多、涉密等级较高的部门（部位）及区域，应当确定为商业秘密保护要害部门（部位）或者涉密区域，加强防范与管理。

第二十六条　中央企业应当加强涉及商业秘密的计算机信息系统、通讯及办公自动化等信息设施、设备的保密管理，保障商业秘密信息安全。

141. 哪些行为属于侵害商业秘密的行为?

答：这些行为属于侵害商业秘密的行为：（1）以盗窃、利诱、胁迫或者其他不正当手段获取权利人的商业秘密；（2）披露、使用或者允许他人使用以前项手段获取的权利人的商业秘密；（3）违反约定或者违反权利人有关保守商业秘密的要求，披露、使用或者允许他人使用其所掌握的商业秘密。第三人明知或者应知前款所列违法行为，获取、使用或者披露他人的商业秘密，视为侵犯商业秘密。

【法律依据】

《中华人民共和国反不正当竞争法》

第十条　经营者不得采用下列手段侵犯商业秘密：

（一）以盗窃、利诱、胁迫或者其他不正当手段获取权利人的商业秘密；

（二）披露、使用或者允许他人使用以前项手段获取的权利人的商业秘密；

（三）违反约定或者违反权利人有关保守商业秘密的要求，披露、使用或者允许他人使用其所掌握的商业秘密。

第三人明知或者应知前款所列违法行为，获取、使用或者披露他人的商业秘密，视为侵犯商业秘密。

本条所称的商业秘密，是指不为公众所知悉、能为权利人带来经济利益、具有实用性并经权利人采取保密措施的技术信息和经营信息。

142. 企业的商业秘密被侵犯应当如何处理?

答：企业的商业秘密权利被侵犯，主要有以下几种途径寻求法律保护：

第一，向仲裁机构申请仲裁解决。

前提是企业与侵权人之间签订了商业秘密保护合同，并且双方自愿达成仲裁协议的，可依据《仲裁法》向双方仲裁协议中约定的仲裁机构申请仲裁。

第二，向当地劳动争议仲裁委员会申请劳动仲裁。

企业与职工（包括离职的）之间因商业秘密引起的纠纷或签订劳动合同的职工，期限未满，擅自跳槽，带走企业商业秘密，侵犯企业利益的，企业可依据《劳动争议调解仲裁法》向当地劳动争议仲裁委员会申请劳动仲裁。劳动仲裁是必经程序。

第三，向工商行政管理部门投诉。

企业的商业秘密被侵犯后，可以向县级以上工商机关投诉，并提供商业秘密及侵权行为的有关证据。

第四，向人民法院提起民事诉讼。

企业的商业秘密被侵犯，可以直接依法向人民法院提起民事诉讼。

第五，刑事诉讼程序。

侵犯商业秘密行为构成犯罪时，权利人应向公安机关报案。由公安机关立案侦查，追究其刑事责任。对于犯罪行为尚未对社会秩序和国家利益造成严重危害的案件，权利人可以自行向法院提起刑事自诉。在刑事公诉或自诉程序中，权利人可以提起附带民事诉讼，要求被告人赔偿自己遭受的损失。

【法律依据】

《中华人民共和国反不正当竞争法》

第二十五条　违反本法第十条规定侵犯商业秘密的，监督检查部门应当责令停止违法行为，可以根据情节处以一万元以上二十万元以下的罚款。

第二十九条　当事人对监督检查部门作出的处罚决定不服的，可以自收到处罚决定之日起十五日内向上一级主管机关申请复议；对复议决定不服的，可以自收到复议决定书之日起十五日内向人民法院提起诉讼；也可以直接向人民法院提起诉讼。

《中华人民共和国劳动合同法》

第二十三条　用人单位与劳动者可以在劳动合同中约定保守用人单位的商业秘密和与知识产权相关的保密事项。

对负有保密义务的劳动者，用人单位可以在劳动合同或者保密协议中与劳动者约定竞业限制条款，并约定在解除或者终止劳动合同后，在竞业限制期限内按月给予劳动者经济补偿。劳动者违反竞业限制约定的，应当按照约定向用人单位支付违约金。

第二十四条　竞业限制的人员限于用人单位的高级管理人员、高级技术人员和其他负有保密义务的人员。竞业限制的范围、地域、期限由用人单位与劳动者约定，竞业限制的约定不得违反法律、法规的规定。

在解除或者终止劳动合同后，前款规定的人员到与本单位生产或者经营同类产品、从事同类业务的有竞争关系的其他用人单位，或者自己开业生产或者经营同类产品、从事同类业务的竞业限制期限，不得超过二年。

第九十条　劳动者违反本法规定解除劳动合同，或者违反劳动合同中约定的保密义务或者竞业限制，给用人单位造成损失的，应当承担赔偿责任。

《中华人民共和国刑法》

第二百一十九条　有下列侵犯商业秘密行为之一，给商业秘密的权利人造成重大损失的，处三年以下有期徒刑或者拘役，并处或者单处罚金；造成特别严重后果的，处三年以上七年以下有期徒刑，并处罚金：

（一）以盗窃、利诱、胁迫或者其他不正当手段获取权利人的商业秘密的；

（二）披露、使用或者允许他人使用以前项手段获取的权利人的商业秘密的；

（三）违反约定或者违反权利人有关保守商业秘密的要求，披露、使用或者允许他人使用其所掌握的商业秘密的。

明知或者应知前款所列行为，获取、使用或者披露他人的商业秘密的，以侵犯商业秘密论。

本条所称商业秘密，是指不为公众所知悉，能为权利人带来经济利益，具有实用性并经权利人采取保密措施的技术信息和经营信息。

本条所称权利人，是指商业秘密的所有人和经商业秘密所有人许可的商业秘密使用人。

143. 工商行政管理部门处理商业秘密侵权案件时可以采取哪些措施？

答：我国《反不正当竞争法》规定，监督检查部门在监督检查不正当竞争行为时，有权行使下列职权：

（1）按照规定程序询问被检查的经营者、利害关系人、证明人，并要求提供证明材料或者与不正当竞争行为有关的其他资料；

（2）查询、复制与不正当竞争行为有关的协议、账册、单据、文件、记录、业务函电和其他资料；

（3）检查与本法第五条规定的不正当竞争行为有关的财物，必要时可以责令被检查的经营者说明该商品的来源和数量，暂停销售，听候检查，不得转移、隐匿、销毁该财物。

同时，依据我国《行政处罚法》的规定，行政机关在收集证据时，可以采取抽样取证的方法；在证据可能灭失或者以后难以取得的情况下，经行政机关负责人批准，可以先行登记保存，并应当在七日内及时作出处理决定，在此期间，当事人或者有关人员不得销毁或者转移证据。

【法律依据】

《中华人民共和国反不正当竞争法》

第十七条　监督检查部门在监督检查不正当竞争行为时，有权行使下列职权：

（一）按照规定程序询问被检查的经营者、利害关系人、证明人，并要求提供证明材料或者与不正当竞争行为有关的其他资料；

（二）查询、复制与不正当竞争行为有关的协议、账册、单据、文件、记录、业务函电和其他资料；

（三）检查与本法第五条规定的不正当竞争行为有关的财物，必要时可以责令被检查的经营者说明该商品的来源和数量，暂停销售，听候检查，不得转移、隐匿、销毁该财物。

《中华人民共和国行政处罚法》

第三十七条第二款　行政机关在收集证据时，可以采取抽样取证的方法；在证据可能灭失或者以后难以取得的情况下，经行政机关负责人批准，可以先行登记保存，并应当在七日内及时作出处理决定，在此期间，当事人或者有关人员不得销毁或者转移证据。

144. 员工保密合同应包括哪些内容？

答：员工保密合同一般包括对第三人合同义务条款、义务明示条款、企业商业秘密范围条款、员工义务的具体描述、对公知领域的排除、职务成果条款、离职后保密信息载体的交还、保密期限、关于补偿及违约金条款等。

一是对第三人合同义务条款。此条款主要针对新聘用员工。企业在聘用新员工时应调查其在进入本企业前是否承担了对原企业的保密义务及竞业禁止义务。如未承担此类义务，应在合同中明确声明或保证，如“乙方保证在甲方工作期间使用任何知识均与前受聘单位无关，乙方承担甲方交付的任何工作或任务，均不会侵犯前受聘单位的商业秘密”。如承担了对前单位的保密义务，则应保证在本企业工作期间不利用前单位的保密信息为本企业服务。

二是义务明示条款。此条款主要是把法定的、默示的保密义务明示为合同义务。员工应保证对在本企业工作期间知悉的本企业的商业秘密承担无条件的保密义务。

三是企业商业秘密范围条款。首先，按照技术信息和经营信息的划分，列举所有属于本企业商业秘密的内容。其次，对该员工所在岗位涉及的技术信息或经营信息作进一步的详细规定。

四是员工义务的具体描述。如：对上述所列商业秘密，不得直接或间接向企业内部无关人员泄露；不得复制、披露包含企业商业秘密的文件及文件副本等。

五是对公知领域的排除。此款主要是给员工以对某些保密信息的秘密性提出不同看法的机会。“如果能证明有关信息没有秘密性，那么该职工可以解除对该信息的保密义务”。

六是职务成果条款。应包括员工在职期间的产生成果并及时报告。对职务成果的实施、转让、归属等明确约定，对于非职务成果应由企业确认，并规定对职务成果的奖励和报酬的额度或比例。

七是离职后保密信息载体的交还。

八是关于保密期限。

九是关于补偿及违约金条款。明确由于企业已经支付员工工资、奖金等劳动报酬，上述保密义务作为员工的忠诚义务的重要体现，不以任何额外报酬支付为对价。可以考虑将员工现有工资中的一部分的名目列为“保密津贴”等。并约定员工离职后承担的商业秘密保护义务，不以得到任何额外补偿为条件。另外，如果员工违反约定，向企业支付相应违约金。

【法律依据】

《中华人民共和国劳动合同法》

第二十三条　用人单位与劳动者可以在劳动合同中约定保守用人单位的商业秘密和与知识产权相关的保密事项。

对负有保密义务的劳动者，用人单位可以在劳动合同或者保密协议中与劳动者约定竞业限制条款，并约定在解除或者终止劳动合同后，在竞业限制期限内按月给予劳动者经济补偿。劳动者违反竞业限制约定的，应当按照约定向用人单位支付违约金。

第二十四条　竞业限制的人员限于用人单位的高级管理人员、高级技术人员和其他负有保密义务的人员。竞业限制的范围、地域、期限由用人单位与劳动者约定，竞业限制的约定不得违反法律、法规的规定。

在解除或者终止劳动合同后，前款规定的人员到与本单位生产或者经营同类产品、从事同类业务的有竞争关系的其他用人单位，或者自己开业生产或者经营同类产品、从事同类业务的竞业限制期限，不得超过二年。

第九十条　劳动者违反本法规定解除劳动合同，或者违反劳动合同中约定的保密义务或者竞业限制，给用人单位造成损失的，应当承担赔偿责任。

第八部分　企业投资融资

145. 国家提倡万众创新，大众创业，我们4个毕业生，想成立个小微企业，现在有个项目，没有创业资金，怎么办？

答：你们可以融资来获取创业资金。初创企业的融资方式有很多，一般融资途径有以下几个方面：

一、从银行贷款获取资金。一般初创企业到银行信用贷款不好贷，因为缺乏信用积累。但在你拿得出抵押物或者能够获得贷款担保的情况下，银行还是很乐意将钱借给你的。所以较适合创业者的银行贷款形式主要有抵押贷款和担保贷款两种。企业在申请银行贷款前，一方面要充分考虑自身的实际需求和还款能力，另一方面要结合各家银行具体的贷款种类、条件等，综合确定合理的贷款方式、贷款额度和还款时间。

二、借助专业担保公司担保贷款。目前各地有许多政府背景或民间组织的专业担保公司，可以为包括初创企业在内的中小微企业提供融资担保，为中小微企业提供融资服务。这些担保机构大多实行会员制管理，属于公共服务性、行业自律性、自身非盈利性组织。创业者可以积极申请，成为这些机构的会员，以后向银行借款时，可以由这些机构提供担保。与银行相比，担保公司对抵押品的要求则显得更为灵活。担保公司为了保障自己的利益，往往会要求企业提供反担保措施，有时会派员到企业监控资金流动情况。

三、民间借贷。民间借贷是正规金融的合理补充，有助于解决中小微企业融资难问题，已成为广大市场主体获得生产、生活资金来源，投资谋取利益的重要渠道。

1. 亲朋借款。向自然人借钱，是成本最低的创业“贷款”。创业初期最需要的是低成本资金支持，如果比较亲近的亲朋好友在银行存有定期存款或国债，这时你可以和他们协商借款，按照约定支付利息，让你非常方便快捷地筹集到创业资金，亲朋好友也可以得到比银行略高的利息，可以说两全其美。不过，这需要借款人有良好的信誉，必要时借款人可以找担保人或用房产证、股票、金银饰品等做抵押，以解除亲朋好友的后顾之忧。

2. 向其他企业借贷。最高人民法院于 2015 年 8 月 6 日出台了《最高人民法院关于审理民间借贷案件适用法律若干问题的规定》，在借贷主体、生效要件、担保责任、借贷利率等方面都做出新的规定，有了新的突破，并第一次以司法解释的形式有限明确了企业间借贷合同的合法性。

【法律依据】

《中华人民共和国合同法》

第八条　依法成立的合同，对当事人具有法律约束力。当事人应当按照约定履行自己的义务，不得擅自变更或者解除合同。

依法成立的合同，受法律保护。

第一百九十六条　借款合同是借款人向贷款人借款，到期返还借款并支付利息的合同。

《中华人民共和国商业银行法》

第三十四条　商业银行根据国民经济和社会发展的需要，在国家产业政策指导下开展贷款业务。

第三十五条　商业银行贷款，应当对借款人的借款用途、偿还能力、还款方式等情况进行严格审查。

商业银行贷款，应当实行审贷分离、分级审批的制度。

第三十六条　商业银行贷款，借款人应当提供担保。商业银行应当对保证人的偿还能力，抵押物、质物的权属和价值以及实现抵押权、质权的可行性进行严格审查。

经商业银行审查、评估，确认借款人资信良好，确能偿还贷款的，可以不提供担保。

第三十七条　商业银行贷款，应当与借款人订立书面合同。合同应当约定贷款种类、借款用途、金额、利率、还款期限、还款方式、违约责任和双方认为需要约定的其他事项。

《中华人民共和国担保法》

第二条　在借贷、买卖、货物运输、加工承揽等经济活动中，债权人需要以担保方式保障其债权实现的，可以依照本法规定设定担保。

本法规定的担保方式为保证、抵押、质押、留置和定金。

《最高人民法院关于审理民间借贷案件适用法律若干问题的规定》

第一条第一款　本规定所称的民间借贷，是指自然人、法人、其他组织之间及其相互之间进行资金融通的行为。

【部委规范性文件】

《中小企业信用担保资金管理办法》

第二条　中小企业信用担保资金（以下简称担保资金）是由中央财政预算安排，专门用于支持中小企业信用担保机构（以下简称担保机构）、中小企业信用再担保机构（以下简称再担保机构）增强业务能力，扩大中小企业担保业务，改善中小企业特别是小型微型企业融资环境的资金。

146. 企业民间借贷合同签订应注意什么？

答：（1）一定要写清借款合同的名称。要表明借款协议或合同的性质，同时各当事人信息必须填写正确完整，不可空缺，各当事人的名称应与身份证、营业执照上记载的一致，联系地址应为收件地址，这关系到日后相关文件的送达。

（2）列明借款人的收款账号，一经转账到借款人指定的收款账号即视为收到借款。还要注意收款人与借款人是否一致。出借人把借款金额写清楚，另外民间借贷无论金额大小，最好通过银行转账。当然若金额实在太小，可以现金交付，并必须要求借款人出具收条或借条。

（3）表明借款的目的，一定要写清楚具体的目的，以免一旦发生诉讼后借款人提出该笔借款用于违法犯罪，而导致借款协议无效。

（4）借款的期限一定要明确，借款人逾期不还可立即提起诉讼，并要求支付逾期利息。

（5）利息一定要约定清楚。民间借贷的核心问题是利息，根据最新民间借贷司法解释，约定的借款年利率不应高于36％，年利率高于36％的部分无效。

即，无论你约定年利率多少，一旦诉至法院，法院能够支持的最高年利息为36%，约定的年利息不超过36%的，以实际约定为准。另外本条要注明每月结息日，避免借款人逾期支付利息。

(6) 约定违约责任，对于借款人存在违约行为，出借人可立即书面通知借款人借款提前到期。对于财务状况明显不佳的借款人，可宣布到期后立即采取法律措施。

(7) 约定逾期还款的利息，根据《最高人民法院关于审理民间借贷案件适用法律若干问题的规定》，出借人与借款人既约定了逾期利率，又约定了违约金或者其他费用，出借人可以选择主张逾期利息、违约金或者其他费用，也可以一并主张，但总计超过年利率24%的部分，人民法院不予支持。一定要约定管辖法院，作为出借人可选择方便的法院进行诉讼，比如约定出借人住所地，合同签订地、合同履行地法院，避免借款人在异地时，没有约定情况下需要到借款人住所地法院提起诉讼。若协议中约定管辖法院为合同签订地法院，还需注明合同签订的具体地址。

(8) 注明合同生效条件，这样可给予出借人更多的考虑时间，甚至协议签订后可反悔不借。

(9) 若维权诉到法院，原告主张债权必须提供书面借据；无书面借据或无法提供的，应提供必要的事实根据或与自己无利害关系的两人以上的证人证言，来支持自己的主张。欠条或者借条在债务人之手时一般将被推定为该债务已经清偿。

(10) 出借人明知是为了进行非法活动而借款的，典型的例子是赌债，其借贷关系不予保护。对双方的违法借贷行为，可按照有关法律予以制裁。

(11) 合伙经营期间，个人以合伙组织的名义借款，用于合伙经营的，由合伙人共同偿还；借款人不能证明借款用于合伙经营的，由借款人偿还。

【法律依据】

《中华人民共和国民事诉讼法》

第六十四条第一款　当事人对自己提出的主张，有责任提供证据。

《最高人民法院关于审理民间借贷案件适用法律若干问题的规定》

第二十六条　借贷双方约定的利率未超过年利率24%，出借人请求借款人按照约定的利率支付利息的，人民法院应予支持。

借贷双方约定的利率超过年利率36%，超过部分的利息约定无效。借款人请求出借人返还已支付的超过年利率36%部分的利息的，人民法院应予支持。

第三十条 出借人与借款人既约定了逾期利率，又约定了违约金或者其他费用，出借人可以选择主张逾期利息、违约金或者其他费用，也可以一并主张，但总计超过年利率24%的部分，人民法院不予支持。

第三十一条 没有约定利息但借款人自愿支付，或者超过约定的利率自愿支付利息或违约金，且没有损害国家、集体和第三人利益，借款人又以不当得利为由要求出借人返还的，人民法院不予支持，但借款人要求返还超过年利率36%部分的利息除外。

第十四条 具有下列情形之一，人民法院应当认定民间借贷合同无效：

（一）套取金融机构信贷资金又高利转贷给借款人，且借款人事先知道或者应当知道的；

（二）以向其他企业借贷或者向本单位职工集资取得的资金又转贷给借款人牟利，且借款人事先知道或者应当知道的；

（三）出借人事先知道或者应当知道借款人借款用于违法犯罪活动仍然提供借款的；

（四）违背社会公序良俗的；

（五）其他违反法律、行政法规效力性强制性规定的。

147. 民间借贷与非法集资、非法吸收公众存款的界限是什么？

答：民间借贷是指公民之间、公民与法人之间、公民与其他组织之间的借贷。只要双方当事人意见表示真实即可认定有效，因借贷产生的抵押相应有效，但约定的借款年利率不应高于36%。

非法吸收公众存款，是指未经中国人民银行批准，向社会不特定对象吸收资金，出具凭证，承诺在一定期限内还本付息的活动。根据《关于取缔非法金融机构和非法金融业务活动中有关问题的通知》规定，非法集资是指单位或者个人未依照法定程序经有关部门批准，以发行股票、债券、彩票、投资基金证券或者其他债权凭证的方式向社会公众筹集资金，并承诺在一定期限内以货币、实物以及其他方式向出资人还本付息或给予回报的行为。

【法律依据】

《中华人民共和国合同法》

第一百九十六条　借款合同是借款人向贷款人借款，到期返还借款并支付利息的合同。

《最高人民法院关于审理民间借贷案件适用法律若干问题的规定》

第二十六条　借贷双方约定的利率未超过年利率24%，出借人请求借款人按照约定的利率支付利息的，人民法院应予支持。

借贷双方约定的利率超过年利率36%，超过部分的利息约定无效。借款人请求出借人返还已支付的超过年利率36%部分的利息的，人民法院应予支持。

第三十条　出借人与借款人既约定了逾期利率，又约定了违约金或者其他费用，出借人可以选择主张逾期利息、违约金或者其他费用，也可以一并主张，但总计超过年利率24%的部分，人民法院不予支持。

第三十一条　没有约定利息但借款人自愿支付，或者超过约定的利率自愿支付利息或违约金，且没有损害国家、集体和第三人利益，借款人又以不当得利为由要求出借人返还的，人民法院不予支持，但借款人要求返还超过年利率36%部分的利息除外。

《最高人民法院关于审理非法集资刑事案件具体应用法律若干问题的解释》

第一条　违反国家金融管理法律规定，向社会公众（包括单位和个人）吸收资金的行为，同时具备下列四个条件的，除刑法另有规定的以外，应当认定为刑法第一百七十六条规定的“非法吸收公众存款或者变相吸收公众存款”：

（一）未经有关部门依法批准或者借用合法经营的形式吸收资金；

（二）通过媒体、推介会、传单、手机短信等途径向社会公开宣传；

（三）承诺在一定期限内以货币、实物、股权等方式还本付息或者给付回报；

（四）向社会公众即社会不特定对象吸收资金。

未向社会公开宣传，在亲友或者单位内部针对特定对象吸收资金的，不属于非法吸收或者变相吸收公众存款。

148. 听说现在法律允许企业间互相拆借资金？

答：自《最高人民法院关于审理民间借贷案件适用法律若干问题的规定》实施之日起，企业之间拆借资金符合民间借贷相关规定即为合法。但对企业互相拆借资金合法性是有红线的，要求是法人之间、其他组织之间以及它们相互之间为生产、经营需要进行的借贷。此种借贷不能作为常态。

【法律依据】

《最高人民法院关于审理民间借贷案件适用法律若干问题的规定》

第一条 本规定所称的民间借贷，是指自然人、法人、其他组织之间及其相互之间进行资金融通的行为。

第十一条 法人之间、其他组织之间以及它们相互之间为生产、经营需要订立的民间借贷合同，除存在合同法第五十二条、本规定第十四条规定的情形外，当事人主张民间借贷合同有效的，人民法院应予支持。

第十二条 法人或者其他组织在本单位内部通过借款形式向职工筹集资金，用于本单位生产、经营，且不存在合同法第五十二条、本规定第十四条规定的情形，当事人主张民间借贷合同有效的，人民法院应予支持。

第十三条 借款人或者出借人的借贷行为涉嫌犯罪，或者已经生效的判决认定构成犯罪，当事人提起民事诉讼的，民间借贷合同并不当然无效。人民法院应当根据合同法第五十二条、本规定第十四条之规定，认定民间借贷合同的效力。

担保人以借款人或者出借人的借贷行为涉嫌犯罪或者已经生效的判决认定构成犯罪为由，主张不承担民事责任的，人民法院应当依据民间借贷合同与担保合同的效力、当事人的过错程度，依法确定担保人的民事责任。

第十四条 具有下列情形之一，人民法院应当认定民间借贷合同无效：

（一）套取金融机构信贷资金又高利转贷给借款人，且借款人事先知道或者应当知道的；

（二）以向其他企业借贷或者向本单位职工集资取得的资金又转贷给借款人牟利，且借款人事先知道或者应当知道的；

（三）出借人事先知道或者应当知道借款人借款用于违法犯罪活动仍然提供借款的；

（四）违背社会公序良俗的；

（五）其他违反法律、行政法规效力性强制性规定的。

149. 民间借贷担保人的责任承担是什么?

答：担保人需要根据借贷合同与担保合同的效力、当事人的过错程度承担相应的法律责任。

【法律依据】

《最高人民法院关于审理民间借贷案件适用法律若干问题的规定》

第八条　借款人涉嫌犯罪或者生效判决认定其有罪，出借人起诉请求担保人承担民事责任的，人民法院应予受理。

第十三条第二款　担保人以借款人或者出借人的借贷行为涉嫌犯罪或者已经生效的判决认定构成犯罪为由，主张不承担民事责任的，人民法院应当依据民间借贷合同与担保合同的效力、当事人的过错程度，依法确定担保人的民事责任。

150. 我公司准备与另一家公司合并，应当履行哪些法律程序?合并后的债权债务应如何承担?

答：我国法律规定，公司合并，应当由合并各方签订合并协议，并编制资产负债表及财产清单。公司应当自作出合并决议之日起十日内通知债权人，并于三十日内在报纸上公告。债权人自接到通知书之日起三十日内，未接到通知书的自公告之日起四十五日内，可以要求公司清偿债务或者提供相应的担保。

根据《公司法》第一百七十四条规定，公司合并时，合并各方的债权、债务，应当由合并后存续的公司或者新设的公司承继。

【法律依据】

《中华人民共和国公司法》

第一百七二条　公司合并可以采取吸收合并或者新设合并。

一个公司吸收其他公司为吸收合并，被吸收的公司解散。两个以上公司合并设立一个新的公司为新设合并，合并各方解散。

第一百七十三条　公司合并，应当由合并各方签订合并协议，并编制资产负债表及财产清单。公司应当自作出合并决议之日起十日内通知债权人，并于三十日内在报纸上公告。债权人自接到通知书之日起三十日内，未接到通知书的自公告之日起四十五日内，可以要求公司清偿债务或者提供相应的担保。

第一百七十四条　公司合并时，合并各方的债权、债务，应当由合并后存续的公司或者新设的公司承继。

151. 我公司准备分立为两家公司，应当履行哪些法律程序？分立后的债权债务应如何承担？

答：我国法律规定，公司分立，其财产作相应的分割；应当编制资产负债表及财产清单。公司应当自作出分立决议之日起十日内通知债权人，并于三十日内在报纸上公告。

公司分立前的债务由分立后的公司承担连带责任。但是，公司在分立前与债权人就债务清偿达成的书面协议另有约定的除外。

【法律依据】

《中华人民共和国公司法》

第一百七十五条　公司分立，其财产作相应的分割。

公司分立，应当编制资产负债表及财产清单。公司应当自作出分立决议之日起十日内通知债权人，并于三十日内在报纸上公告。

第一百七十六条　公司分立前的债务由分立后的公司承担连带责任。但是，公司在分立前与债权人就债务清偿达成的书面协议另有约定的除外。

152. 出资设立企业应注意哪些事？

答：(1) 要依法设立企业

严格遵守法律法规的要求，要注意法律强制性规范的要求。譬如出资人约定出资设立一专门走私的公司，很显然违反法律规定，企业无法成立。同时投资设立企业本身又是一种投资行为，还要从战略上审慎选择行业，选择合作伙伴，选择恰当的企业形式，譬如是选择有限公司形式还是选择合伙企业，是设立股份公司还是有限公司等。

（2）要有书面设立协议

公司设立时，因这一阶段是不具有法人资格的，因此主要依靠的是发起人之间的约定，而书面的设立协议和完善的约定是设立过程中出现问题的有效解决方法。出资人或发起人一定要认真签订设立书面协议，以避免设立过程中出现的众多问题或公司设立失败时所产生的责任分担。明确设立过程中彼此相关的权利义务及出现问题时的相关处理方法和方式。

（3）设立协议内容约定要合法，且操作性强，必要时可请律师审查

在发起人或出资人设立的协议中，如果约定内容不当或者违反强行性的法规，就很容易导致该条款无效或使公司无法成立。同时协议要具有可操作性。起草协议和签订协议时可咨询专业人士或聘请法律顾问。

（4）准备好成立公司所登记事项的所有文件

包括名称核准、营业场所、公司章程及登记应提交的文件；并且公司的名称应符合国家有关规定，分公司的经营范围不得超出公司的经营范围。

【法律依据】

《中华人民共和国公司法》

第十四条　公司可以设立分公司。设立分公司，应当向公司登记机关申请登记，领取营业执照。分公司不具有法人资格，其民事责任由公司承担。

公司可以设立子公司，子公司具有法人资格，依法独立承担民事责任。

第十五条　公司可以向其他企业投资；但是，除法律另有规定外，不得成为对所投资企业的债务承担连带责任的出资人。

【法规依据】

《中华人民共和国公司登记管理条例》

第九条　公司的登记事项包括：

（一）名称；

（二）住所；

（三）法定代表人姓名；

（四）注册资本；

（五）公司类型；

（六）经营范围；

（七）营业期限；

（八）有限责任公司股东或者股份有限公司发起人的姓名或者名称。

第四十八条　分公司变更登记事项的，应当向公司登记机关申请变更登记。

分公司的公司登记机关准予登记的，发给《营业执照》。公司应当自分公司登记之日起 30 日内，持分公司的《营业执照》到公司登记机关办理备案。

第十八条　设立有限责任公司，应当由全体股东指定的代表或者共同委托的代理人向公司登记机关申请名称预先核准；设立股份有限公司，应当由全体发起人指定的代表或者共同委托的代理人向公司登记机关申请名称预先核准。

申请名称预先核准，应当提交下列文件：

（一）有限责任公司的全体股东或者股份有限公司的全体发起人签署的公司名称预先核准申请书；

（二）全体股东或者发起人指定代表或者共同委托代理人的证明；

（三）国家工商行政管理总局规定要求提交的其他文件。

153. 我公司因民间借贷起诉到法院，正审理期间，被告和担保人又被公安机关立案侦查，他们怎么承担责任？我们怎么办？

答：刑事责任的承担不影响其他民事法律责任的承担。

【法律依据】

《最高人民法院关于审理民间借贷案件适用法律若干问题的规定》

第八条　借款人涉嫌犯罪或者生效判决认定其有罪，出借人起诉请求担保人承担民事责任的，人民法院应予受理。

第十三条第二款　担保人以借款人或者出借人的借贷行为涉嫌犯罪或者已经生效的判决认定构成犯罪为由，主张不承担民事责任的，人民法院应当依据民间借贷合同与担保合同的效力、当事人的过错程度，依法确定担保人的民事责任。

第九部分　企业财税管理

154. 我公司被工商行政管理机关吊销了营业执照，我们还需要向原税务局申报税务注销登记吗？

答：需要。贵公司应当自营业执照被吊销或者被撤销登记之日起15日内，向原税务登记机关申报办理注销税务登记。

【法律依据】

《中华人民共和国税收征收管理法实施细则》

第十五条第三款　纳税人被工商行政管理机关吊销营业执照或者被其他机关予以撤销登记的，应当自营业执照被吊销或者被撤销登记之日起15日内，向原税务登记机关申报办理注销税务登记。

155. 我们是合伙企业，还用缴纳企业所得税吗？

答：如果确实是合伙企业，是不用缴纳企业所得税的。合伙企业合伙人是自然人的，缴纳个人所得税；合伙人是法人和其他组织的，缴纳企业所得税。

【法律依据】

《中华人民共和国企业所得税法》

第一条第二款个人独资企业、合伙企业不适用本法。

《中华人民共和国合伙企业法》

第二条　本法所称合伙企业，是指自然人、法人和其他组织依照本法在中国境内设立的普通合伙企业和有限合伙企业。

普通合伙企业由普通合伙人组成，合伙人对合伙企业债务承担无限连带责任。本法对普通合伙人承担责任的形式有特别规定的，从其规定。

有限合伙企业由普通合伙人和有限合伙人组成，普通合伙人对合伙企业债务承担无限连带责任，有限合伙人以其认缴的出资额为限对合伙企业债务承担责任。

【规范性文件】

《财政部国家税务总局关于合伙企业合伙人所得税问题的通知》（财税［2008］159号）

二、合伙企业以每一个合伙人为纳税义务人。合伙企业合伙人是自然人的，缴纳个人所得税；合伙人是法人和其他组织的，缴纳企业所得税。

三、合伙企业生产经营所得和其他所得采取“先分后税”的原则。

156. 我公司是个小型微利企业，还用建立会计账簿吗？

答：小型微利企业也需要依法建立会计账簿。设立账簿是为了满足企业管理需要，为企业管理提供有用的会计信息，因此不管企业多小，只要有经营活动，也会有随时了解经营情况，计算经营成果的实际需要，就应有建立会计账册的必要。

【法律依据】

《中华人民共和国会计法》

第三条　各单位必须依法设置会计账簿，并保证其真实、完整。

第四十二条　违反本法规定，有下列行为之一的，由县级以上人民政府财政部门责令限期改正，可以对单位并处三千元以上五万元以下的罚款；对其直接负责的主管人员和其他直接责任人员，可以处二千元以上二万元以下的罚款；属于国家工作人员的，还应当由其所在单位或者有关单位依法给予行政处分：

（一）不依法设置会计账簿的；

（二）私设会计账簿的；

（三）未按照规定填制、取得原始凭证或填制、取得的原始凭证不符合规定的；

（四）以未经审核的会计凭证为依据登记会计账簿或者登记会计账簿不符合规定的；

（五）随意变更会计处理办法的；

（六）向不同的会计资料使用者提供的财务会计报告编制依据不一致的；

（七）未按照规定使用会计记录文字或者记账本位币的；

（八）未按照规定保管会计资料，致使会计资料毁损、灭失的；

（九）未按照规定建立并实施单位内部会计监督制度或者拒绝依法实施的监督或者不如实提供有关会计资料及有关情况的；

（十）任用会计人员不符合本法规定的。

有前款所列行为之一，构成犯罪的，依法追究刑事责任。

会计人员有第一款所列行为之一，情节严重的，由县级以上人民政府财政部门吊销会计从业资格证书。

157. 我是企业的会计，我老板让我设个账外账，这么做风险有多大？

答：账外账是指在企业会计准则和国家财务制度规定的设置账簿的范围之外，利用职权单独设置的用于非法目的的簿记、账册。这一行为是违反国家法律法规的，公司对做假账要承担相应法律责任，公司法人承担主要责任，相关财务人员承担次要责任。企业可能承担行政处罚、刑事责任等。会计人员可能由县级以上人民政府财政部门吊销会计从业资格证书。

【法律依据】

《中华人民共和国会计法》

第四十二条　违反本法规定，有下列行为之一的，由县级以上人民政府财政部门责令限期改正，可以对单位并处三千元以上五万元以下的罚款；对其直接负责的主管人员和其他直接责任人员，可以处二千元以上二万元以下的罚款；属于国家工作人员的，还应当由其所在单位或者有关单位依法给予行政处分：

（一）不依法设置会计账簿的；

（二）私设会计账簿的；有前款所列行为之一，构成犯罪的，依法追究刑事责任。

（三）未按照规定填制、取得原始凭证或者填制、取得的原始凭证不符合规定的；

（四）以未经审核的会计凭证为依据登记会计账簿或者登记会计账簿不符合规定的；

（五）随意变更会计处理方法的；

（六）向不同的会计资料使用者提供的财务会计报告编制依据不一致的；

（七）未按照规定使用会计记录文字或者记账本位币的；

（八）未按照规定保管会计资料，致使会计资料毁损、灭失的；

（九）未按照规定建立并实施单位内部会计监督制度或者拒绝依法实施的监督或者不如实提供有关会计资料及有关情况的；

（十）任用会计人员不符合本法规定的。

会计人员有第一款所列行为之一，情节严重的，由县级以上人民政府财政部门吊销会计从业资格证书。

158. 我单位会计由于做假账被税务局查出，已经被公安机关立案侦查。现在公安局要把我单位法人代表拘留，说他也要承担法律责任。请问有道理吗？

答：《会计法》第四条明确规定："单位负责人对本单位的会计工作和会计资料的真实性、完整性负责。"这一规定，确定了单位负责人的法定职责，明确了单位负责人为会计责任的主体。也就是说，单位会计工作出现问题，首先要追究单位负责人的责任。因此，企业在经营过程中，单位负责人必须保证会计机构、会计人员依法履行职责。否则，对各单位会计工作中的违法行为，除追究直接负责人员的法律责任外，还要追究单位负责人的责任。

【法律依据】

《中华人民共和国会计法》

第四条　单位负责人对本单位的会计工作和会计资料的真实性、完整性负责。

159. 我们财务经常与税务部门打交道，到底《会计法》与《税

法》哪个大?

答：上述两部法律的法律效力等级一样，都是全国人大审核通过的，针对领域不同而已。企业进行会计核算应按会计法及法规来处理，但在进行纳税申报时，应按税务法规来处理。

【法律依据】

《中华人民共和国会计法》

第一条　为了规范会计行为，保证会计资料真实、完整，加强经济管理和财务管理，提高经济效益，维护社会主义市场经济秩序，制定本法。

《中华人民共和国税收征收管理法》

第一条　为了加强税收征收管理，规范税收征收和缴纳行为，保障国家税收收入，保护纳税人的合法权益，促进经济和社会发展，制定本法。

第二条　凡依法由税务机关征收的各种税收的征收管理，均适用本法。

160. 符合条件的小型微利企业，在税收上有什么优惠?

答：可按 20%的税率征收企业所得税。

【法律依据】

《中华人民共和国企业所得税法》

第二十八条第一款　符合条件的小型微利企业，减按 20%的税率征收企业所得税。

161. 怎么算是偷税?

答：纳税人有伪造、变造、隐匿、擅自销毁账簿、记账凭证，或者在账簿上多列支出或者不列、少列收入，或者经税务机关通知申报而拒不申报或者进行虚假的纳税申报，不缴或者少缴应纳税款的行为，就是偷税。

【法律依据】

《中华人民共和国税收征收管理法》

第六十三条　纳税人伪造、变造、隐匿、擅自销毁账簿、记账凭证，或者在账簿上多列支出或者不列、少列收入，或者经税务机关通知申报而拒不申报或者进行虚假的纳税申报，不缴或者少缴应纳税款的，是偷税。对纳税人偷税的，由税务机关追缴其不缴或者少缴的税款、滞纳金，并处不缴或者少缴的税款百分之五十以上五倍以下的罚款；构成犯罪的，依法追究刑事责任。

162. 税务局经常要对企业进行税务检查，谁有权检查？都检查什么？

答：税务检查，是税务机关以国家税收法律、行政法规为依据，对纳税人、扣缴义务人履行纳税义务和扣缴义务的情况进行检查和处理的制度。税务检查也是一种经济监督活动。

税务机关是税务检查的执行主体，主要针对下列内容进行检查：

（1）检查纳税人执行国家税收政策和税收法规的情况；

（2）检查纳税人遵守财经纪律和财会制度的情况；

（3）检查纳税人的生产经营管理和经济核算情况；

（4）检查纳税人遵守和执行税收征收管理制度的情况，查其有无不按纳税程序办事和违反征管制度的问题。

【法律依据】

《中华人民共和国税收征收管理法》

第五十四条　税务机关有权进行下列税务检查：

（一）检查纳税人的账簿、记账凭证、报表和有关资料，检查扣缴义务人代扣代缴、代收代缴税款账簿、记账凭证和有关资料；

（二）到纳税人的生产、经营场所和货物存放地检查纳税人应纳税的商品、货物或者其他财产，检查扣缴义务人与代扣代缴、代收代缴税款有关的经营情况；

（三）责成纳税人、扣缴义务人提供与纳税或者代扣代缴、代收代缴税款有关的文件、证明材料和有关资料；

（四）询问纳税人、扣缴义务人与纳税或者代扣代缴、代收代缴税款有关的问题和情况；

（五）到车站、码头、机场、邮政企业及其分支机构检查纳税人托运、邮寄应纳税商品、货物或者其他财产的有关单据、凭证和有关资料；

（六）经县以上税务局（分局）局长批准，凭全国统一格式的检查存款账户许可证明，查询从事生产、经营的纳税人、扣缴义务人在银行或者其他金融机构的存款账户。税务机关在调查税收违法案件时，经设区的市、自治州以上税务局（分局）局长批准，可以查询案件涉嫌人员的储蓄存款。税务机关查询所获得的资料，不得用于税收以外的用途。

第五十九条　税务机关派出的人员进行税务检查时，应当出示税务检查证和税务检查通知书，并有责任为被检查人保守秘密；未出示税务检查证和税务检查通知书的，被检查人有权拒绝检查。

163. 纳税人未按规定的期限办理纳税申报的，应承担什么法律责任？

答：纳税人未按照规定的期限办理纳税申报的和报送纳税资料的，应由税务机关责令限期改正，可以处 2000 元以下的罚款；逾期不改正的，税务机关有权核定其应纳税额，可以处 2000 元以上 1 万元以下的罚款。

【法律依据】

《中华人民共和国税收征收管理法》

第二十五条　纳税人必须依照法律、行政法规规定或者税务机关依照法律、行政法规的规定确定的申报期限、申报内容如实办理纳税申报，报送纳税申报表、财务会计报表以及税务机关根据实际需要要求纳税人报送的其他纳税资料。

扣缴义务人必须依照法律、行政法规规定或者税务机关依照法律、行政法规的规定确定的申报期限、申报内容如实报送代扣代缴、代收代缴税款报告表以及税务机关根据实际需要要求扣缴义务人报送的其他有关资料。

第六十二条　纳税人未按照规定的期限办理纳税申报和报送纳税资料的，或者扣缴义务人未按照规定的期限向税务机关报送代扣代缴、代收代缴税款报告表和有关资料的，由税务机关责令限期改正，可以处二千元以下的罚款；情节严重的，可以处二千元以上一万元以下的罚款。

164. 我公司与税务机关在“纳税”上发生了争议，我公司要求申请行政复议，税务局要求我公司先纳税（定纳税款额），再提起行政复议，这样合法吗？

答：合法。我国法律规定纳税人与税务机关在纳税上发生争议，必须先纳税或提供相应的担保，才可以依法申请行政复议。

【法律依据】

《中华人民共和国税收征收管理法》

第八十八条第一款　纳税人、扣缴义务人、纳税担保人同税务机关在纳税上发生争议时，必须先依照税务机关的纳税决定缴纳或者解缴税款及滞纳金或者提供相应的担保，然后可以依法申请行政复议；对行政复议决定不服的，可以依法向人民法院起诉。

第十部分　刑法对企业依法经营活动的保护

165. 我们企业出现经济犯罪，如何报案？

答：我国法律关于经济犯罪报案规定了以下的基本原则：

1. 要确定管辖。经济犯罪案件由犯罪地的公安机关管辖。犯罪地包括犯罪行为发生地、犯罪行为实施地、犯罪结果发生地和实际财产取得地。报案人可到犯罪地的公安局经侦支队或经侦大队报案。

2. 报案要准备好相关资料。为使公安机关能清楚地了解案件基本情况，及时立案侦查，报案时尽量提供以下资料：

（1）报案人的有效身份证明文件，单位报案的同时带齐营业执照原件及其复印件1份，并应在复印件上注明提供时间及写上“由本单位复印提供，与原件相同”，加盖单位印章，经办人签字（捺指纹），非法人代表报案应携法人代表授权书及本人工作证件。

（2）提供有关涉案人的照片、证件、通讯号码、地址、体貌特征等材料。

（3）请提供本人及其他协助人的联系电话，以便随时联系。

3. 报案提供材料时，应尽量同时提供有关证明材料的原件及其复印件。

4. 非紧急情况下不得委托他人代理报案，被害人或经办人本人应当向公安机关如实提供证言。

5. 报案前同一事实已由人民法院受理的，要如实提供法院受理的有关证明材料。

6. 复印件应说明来源出处，并由受害单位加盖公章或受害提供人签名。书面报案材料须详细说明案发的时间、地点，对犯罪嫌疑人了解知道的情况。

【法律依据】

《中华人民共和国刑事诉讼法》

第二十四条 刑事案件由犯罪地的人民法院管辖。如果由被告人居住地的人民法院审判更为适宜的，可以由被告人居住地的人民法院管辖。

第一百一十条 人民法院、人民检察院或者公安机关对于报案、控告、举报和自首的材料，应当按照管辖范围，迅速进行审查，认为有犯罪事实需要追究刑事责任的时候，应当立案；认为没有犯罪事实，或者犯罪事实显著轻微，不需要追究刑事责任的时候，不予立案，并且将不立案的原因通知控告人。控告人如果不服，可以申请复议。

《最高人民法院关于适用〈中华人民共和国刑事诉讼法〉的解释》

第六十九条第一项 对物证、书证应当着重审查以下内容：（一）物证、书证是否为原物、原件，是否经过辨认、鉴定；物证的照片、录像、复制品或者书证的副本、复制件是否与原物、原件相符，是否由二人以上制作，有无制作人关于制作过程以及原物、原件存放于何处的文字说明和签名。

第七十条第二款 物证的照片、录像、复制品，不能反映原物的外形和特征的，不得作为定案的根据。

【规章依据】

公安部《公安机关办理刑事案件程序规定》

第十五条 刑事案件由犯罪地的公安机关管辖。如果由犯罪嫌疑人居住地的公安机关管辖更为适宜的，可以由犯罪嫌疑人居住地的公安机关管辖。

犯罪地包括犯罪行为发生地和犯罪结果发生地。犯罪行为发生地，包括犯罪行为的实施地以及预备地、开始地、途经地、结束地等与犯罪行为有关的地点；犯罪行为有连续、持续或者继续状态的，犯罪行为连续、持续或者继续实施的地方都属于犯罪行为发生地。犯罪结果发生地，包括犯罪对象被侵害地、犯罪所得的实际取得地、藏匿地、转移地、使用地、销售地。

居住地包括户籍所在地、经常居住地。经常居住地是指公民离开户籍所在地最后连续居住1年以上的地方。

166. 常见的金融凭证诈骗犯罪报案时必须提供哪些证据？

答：金融凭证诈骗犯罪报案所需证据清单如下：

（1）书面报案材料，单位报案应加盖公章；

(2) 受害人、经手人等当事人如实陈述案发经过情况的书面材料；

(3) 提供犯罪嫌疑人使用的委托收款凭证、汇款凭证、银行存单等其他银行结算凭证的原件；

(4) 所损失物品的特征、照片（可提供同类物品的照片）；

(5) 受害单位资金、物品进出的会计资料、凭证复印件，并加盖单位印章、注明出处。

本罪起点：个人5000元以上；单位100000元以上。

【法律依据】

《中华人民共和国刑法》

第一百九十四条　有下列情形之一，进行金融票据诈骗活动，数额较大的，处五年以下有期徒刑或者拘役，并处二万元以上二十万元以下罚金；数额巨大或者有其他严重情节的，处五年以上十年以下有期徒刑，并处五万元以上五十万元以下罚金；数额特别巨大或者有其他特别严重情节的，处十年以上有期徒刑或者无期徒刑，并处五万元以上五十万元以下罚金或者没收财产：

（一）明知是伪造、变造的汇票、本票、支票而使用的；

（二）明知是作废的汇票、本票、支票而使用的；

（三）冒用他人的汇票、本票、支票的；

（四）签发空头支票或者与其预留印鉴不符的支票，骗取财物的；

（五）汇票、本票的出票人签发无资金保证的汇票、本票或者在出票时作虚假记载，骗取财物的。

使用伪造、变造的委托收款凭证、汇款凭证、银行存单等其他银行结算凭证的，依照前款的规定处罚。

《最高人民法院关于审理诈骗案件具体应用法律的若干问题的解释》

五、根据《决定》第十二条规定，利用金融票据进行诈骗活动，数额较大的，构成票据诈骗罪。

个人进行票据诈骗数额在5000元以上的，属于“数额较大”；个人进行票据诈骗数额在5万元以上的，属于“数额巨大”；个人进行票据诈骗数额在10万元以上的，属于“数额特别巨大”。

单位进行票据诈骗数额在10万元以上的，属于“数额较大”；单位进行票据诈骗数额在30万元以上的，属于“数额巨大”；单位进行票据诈骗数额在100万元以上的，属于“数额特别巨大”。

使用伪造、变造的委托收款凭证、汇款凭证、银行存单等其他银行结算凭证进行诈骗，数额较大的，以票据诈骗罪定罪处罚。

167. 信用卡诈骗犯罪报案时必须提供哪些证据？

答：信用卡诈骗犯罪报案所需证据清单如下：

（1）书面报案材料，单位报案应加盖公章；

（2）受害人、经手人等当事人如实陈述案发经过情况的书面材料；

（3）犯罪嫌疑人在办卡开户时的登记资料或被盗用、冒用信用卡用户的资料；

（4）被骗款项的银行账单，银行催收通知凭据；

（5）其他所掌握的证明犯罪嫌疑人利用信用卡诈骗的证据。

本罪起点：5000元以上，恶意透支10000元以上。

【法律依据】

《中华人民共和国刑法》

第一百九十六条　有下列情形之一，进行信用卡诈骗活动，数额较大的，处五年以下有期徒刑或者拘役，并处二万元以上二十万元以下罚金；数额巨大或者有其他严重情节的，处五年以上十年以下有期徒刑，并处五万元以上五十万元以下罚金；数额特别巨大或者有其他特别严重情节的，处十年以上有期徒刑或者无期徒刑，并处五万元以上五十万元以下罚金或者没收财产：

（一）使用伪造的信用卡，或者使用以虚假的身份证明骗领的信用卡的；

（二）使用作废的信用卡的；

（三）冒用他人信用卡的；

（四）恶意透支的。

前款所称恶意透支，是指持卡人以非法占有为目的，超过规定限额或者规定期限透支，并且经发卡银行催收后仍不归还的行为。

盗窃信用卡并使用的，依照本法第二百六十四条的规定定罪处罚。

《最高人民法院关于审理诈骗案件具体应用法律的若干问题的解释》（1996.

12. 16 法发 [1996] 32 号）

七、个人诈骗数额较大是指 5000 元以上。信用卡诈骗罪的数额较大的起点可以参照此规定以 5000 元为宜。

《最高人民法院、最高人民检察院关于办理妨害信用卡管理刑事案件具体应用法律若干问题的解释》

第六条第二款　恶意透支，数额在 1 万元以上不满 10 万元的，应当认定为刑法第一百九十六条规定的“数额较大”；数额在 10 万元以上不满 100 万元的，应当认定为刑法第一百九十六条规定的“数额巨大”；数额在 100 万元以上的，应当认定为刑法第一百九十六条规定的“数额特别巨大”。

168. 票据诈骗犯罪报案时必须提供哪些证据?

答：票据诈骗犯罪报案需提供以下证据清单：

（1）书面报案材料，单位报案应加盖公章；

（2）受害人、经手人等当事人如实陈述案发经过情况的书面材料；

（3）提供犯罪嫌疑人使用的原始票据及合同协议、收付单据、承诺保证书和其他证据材料；

（4）所损失物品的特征、照片（可用同类物品的照片）；

（5）受害单位资金、物品进出的会计资料、凭证原件和复印件。

本罪起点：个人 5000 元以上；单位 100000 元以上。

【法律依据】

《中华人民共和国刑法》

第一百九十四条第一款　有下列情形之一，进行金融票据诈骗活动，数额较大的，处五年以下有期徒刑或者拘役，并处二万元以上二十万元以下罚金；数额巨大或者有其他严重情节的，处五年以上十年以下有期徒刑，并处五万元以上五十万元以下罚金；数额特别巨大或者有其他特别严重情节的，处十年以上有期徒刑或者无期徒刑，并处五万元以上五十万元以下罚金或者没收财产：

（一）明知是伪造、变造的汇票、本票、支票而使用的；

（二）明知是作废的汇票、本票、支票而使用的；

（三）冒用他人的汇票、本票、支票的；

（四）签发空头支票或者与其预留印鉴不符的支票，骗取财物的；

（五）汇票、本票的出票人签发无资金保证的汇票、本票或者在出票时作虚假记载，骗取财物的。

《最高人民法院关于审理诈骗案件具体应用法律的若干问题的解释》（1996.12.16 法发［1996］32号）

五、根据《决定》第十二条规定，利用金融票据进行诈骗活动，数额较大的，构成票据诈骗罪。

个人进行票据诈骗数额在5000元以上的，属于"数额较大"；个人进行票据诈骗数额在5万元以上的，属于"数额巨大"；个人进行票据诈骗数额在10万元以上的，属于"数额特别巨大"。

单位进行票据诈骗数额在10万元以上的，属于"数额较大"；单位进行票据诈骗数额在30万元以上的，属于"数额巨大"；单位进行票据诈骗数额在100万元以上的，属于"数额特别巨大"。

使用伪造、变造的委托收款凭证、汇款凭证、银行存单等其他银行结算凭证进行诈骗，数额较大的，以票据诈骗罪定罪处罚。

169. 贷款诈骗犯罪报案时必须提供哪些证据？

答：贷款诈骗犯罪报案证据清单如下：

（1）书面报案材料，单位报案应加盖公章；

（2）受害人、经手人等当事人如实陈述案发经过情况的书面材料；

（3）报案单位的经营许可证、工商营业执照复印件并加盖公章。贷款的原始合同和复印件，犯罪嫌疑人贷款时留下的文件、证明材料等资料；

（4）犯罪嫌疑人开户资料，开户时留下的文件资料；

（5）骗取贷款后资金流向的票据、凭证、银行账页等相关证据。复印资料应由提供单位加盖印章并注明出处。

本罪起点：20000元以上。

【法律依据】

《中华人民共和国刑法》

第一百九十三条　有下列情形之一，以非法占有为目的，诈骗银行或者其他金融机构的贷款，数额较大的，处五年以下有期徒刑或者拘役，并处二万元以上二十万元以下罚金；数额巨大或者有其他严重情节的，处五年以上十年以下有期徒刑，并处五万元以上五十万元以下罚金；数额特别巨大或者有其他特别严重情节的，处十年以上有期徒刑或者无期徒刑，并处五万元以上五十万元以下罚金或者没收财产：

（一）编造引进资金、项目等虚假理由的；

（二）使用虚假的经济合同的；

（三）使用虚假的证明文件的；

（四）使用虚假的产权证明作担保或者超出抵押物价值重复担保的；

（五）以其他方法诈骗贷款的。

《最高人民检察院、公安部关于公安机关管辖的刑事案件立案追诉标准的规定（二）》

第五十条　以非法占有为目的，诈骗银行或者其他金融机构的贷款，数额在二万元以上的，应予立案追诉。

170. 合同诈骗犯罪报案时必须提供哪些证据？

答：合同诈骗犯罪报案证据清单如下：

（1）书面报案材料，单位报案应加盖公章；

（2）受害人、经手人等当事人如实陈述案发经过情况的书面材料；

（3）报案单位的工商营业执照及经营许可证复印件（加盖公章）；

（4）犯罪嫌疑人使用留下的工商营业执照复印件等相关证明材料；

（5）涉案合同和担保方文件的原件和复印件；

（6）担保、抵押、支付等使用的票据、收付单据、承诺保证书或其他证据；

（7）所损失物品的特征、照片（可提供同类物品的照片），可能的请提供实物样品；

（8）受害单位资金、物品进出的会计资料、凭证原件和复印件；

（9）其他可提供的相关证明材料。

本罪起点：20000元以上。

【法律依据】

《中华人民共和国刑法》

第二百二十四条　有下列情形之一，以非法占有为目的，在签订、履行合同过程中，骗取对方当事人财物，数额较大的，处三年以下有期徒刑或者拘役，并处或者单处罚金；数额巨大或者有其他严重情节的，处三年以上十年以下有期徒刑，并处罚金；数额特别巨大或者有其他特别严重情节的，处十年以上有期徒刑或者无期徒刑，并处罚金或者没收财产：

（一）以虚构的单位或者冒用他人名义签订合同的；

（二）以伪造、变造、作废的票据或者其他虚假的产权证明作担保的；

（三）没有实际履行能力，以先履行小额合同或者部分履行合同的方法，诱骗对方当事人继续签订和履行合同的；

（四）收受对方当事人给付的货物、货款、预付款或者担保财产后逃匿的；

（五）以其他方法骗取对方当事人财物的。

《最高人民检察院、公安部关于公安机关管辖的刑事案件立案追诉标准的规定（二）》

第七十七条　以非法占有为目的，在签订、履行合同过程中，骗取对方当事人财物，数额在二万元以上的，应予立案追诉。

171. 挪用资金犯罪报案时必须提供哪些证据？

答：挪用资金犯罪报案证据清单如下：

（1）单位报案的书面报案材料并加盖公章；

（2）知情人员如实陈述案发经过的书面材料；

（3）报案单位的工商营业执照复印件（加盖公章），犯罪嫌疑人是本单位职工的相关证明材料，如录用、聘用合同、本人填写的登记表、任命书、犯罪发生期间的工资单及签收、福利发放及签收等；

（4）涉案的发票、借贷凭证、物品库存、收据、财务账册、领（用）款凭证、银行出库、提货凭证等原件和复印件；

（5）犯罪嫌疑人的签名（伪造签名）或使用的印章的原件和复印件；

（6）犯罪嫌疑人担任与犯罪有关的职务、职责的证明材料。

本罪起点：挪用本单位资金10000—30000元以上，超过三个月未还的或进行营利活动的；挪用本单位资金5000—20000元以上，进行非法活动的。(司法实践中参照挪用公款罪的司法解释。)

【法律依据】

《中华人民共和国刑法》

第一百八十五条　商业银行、证券交易所、期货交易所、证券公司、期货经纪公司、保险公司或者其他金融机构的工作人员利用职务上的便利，挪用本单位或者客户资金的，依照本法第二百七十二条的规定定罪处罚。

第二百七十二条第一款　公司、企业或者其他单位的工作人员，利用职务上的便利，挪用本单位资金归个人使用或者借贷给他人，数额较大、超过三个月未还的，或者虽未超过三个月，但数额较大、进行营利活动的，或者进行非法活动的，处三年以下有期徒刑或者拘役；挪用本单位资金数额巨大的，或者数额较大不退还的，处三年以上十年以下有期徒刑。

《最高人民法院关于审理挪用公款案件具体应用法律若干问题的解释》

第三条第一款　挪用公款归个人使用，“数额较大、进行营利活动的”，或者“数额较大、超过三个月未还的”，以挪用公款一万元至三万元为“数额较大”的起点，以挪用公款十五万元至二十万元为“数额巨大”的起点。挪用公款“情节严重”，是指挪用公款数额巨大，或者数额虽未达到巨大，但挪用公款手段恶劣；多次挪用公款；因挪用公款严重影响生产、经营，造成严重损失等情形。

《最高人民检察院、公安部关于公安机关管辖的刑事案件立案追诉标准的规定（二）》

第八十五条　［挪用资金案（刑法第二百七十二条第一款）］公司、企业或者其他单位的工作人员，利用职务上的便利，挪用本单位资金归个人使用或者借贷给他人，涉嫌下列情形之一的，应予立案追诉：

（一）挪用本单位资金数额在1万元至3万元以上，超过3个月未还的；

（二）挪用本单位资金数额在1万元至3万元以上，进行营利活动的；

（三）挪用本单位资金数额在5000元至2万元以上，进行非法活动的。

172. 职务侵占犯罪报案时必须提供哪些证据？

答：职务侵占犯罪报案证据清单如下：

（1）单位报案需提供书面报案材料，加盖公章；

（2）知情人员如实陈述案发经过；

（3）报案单位的工商营业执照复印件，犯罪嫌疑人是本单位职工的相关证明材料，如录用、聘用合同、任命书、工资单及签收、福利发放及签收等；

（4）涉案的发票、收据、财务账册、领（用）款凭证、银行借贷凭证、物品库存、出库、提货凭证等原件和复印件；

（5）犯罪嫌疑人的签名（伪造签名）或使用的印章的原件和复印件；

（6）犯罪嫌疑人担任与犯罪有关的职务、职责的证明材料。

本罪起点：5000—10000 元。

【法律依据】

《中华人民共和国刑法》

第二百七十一条　公司、企业或者其他单位的人员，利用职务上的便利，将本单位财物非法占为己有，数额较大的，处五年以下有期徒刑或者拘役；数额巨大的，处五年以上的有期徒刑，可以并处没收财产。

《中华人民共和国公司法》

第一百一十四条　董事、监事、经理利用职权收受贿赂、其他非法收入或者侵占公司财产的，没收违法所得，责令退还公司财产，由公司给予处分。构成犯罪的，依法追究刑事责任。

《最高人民检察院、公安部关于经济犯罪案件追诉标准的规定》

第七十五条　职务侵占案公司、企业或者其他单位的人员，利用职务上的便利，将本单位财物非法占为己有，数额在五千元至一万元以上的，应予追诉。

173. 集资诈骗犯罪报案时必须提供哪些证据？

答：集资诈骗犯罪报案证据清单如下：

（1）书面报案材料，单位报案的应加盖公章；

（2）受害人、经手人等当事人如实陈述案发经过情况的书面材料；

(3) 犯罪嫌疑人（单位）使用的证明文件、高额回报的书面承诺资料、宣传资料、收款凭证、受骗者的名单、虚构项目和虚构用途的书面资料等原件或复印件；

(4) 受骗者已支取的资金及尚未取得资金的相关凭证；

(5) 资金流向；

本罪起点：个人100000元以上；单位500000元以上。

【法律依据】

《中华人民共和国刑法》

第二百六十六条　诈骗公私财物，数额较大的，处三年以下有期徒刑、拘役或者管制，并处或者单处罚金；数额巨大或者有其他严重情节的，处三年以上十年以下有期徒刑，并处罚金；数额特别巨大或者有其他特别严重情节的，处十年以上有期徒刑或者无期徒刑，并处罚金或者没收财产。本法另有规定的，依照规定。

第二百一十条第二款　使用欺骗手段骗取增值税专用发票或者可以用于骗取出口退税、抵扣税款的其他发票的，依照本法第二百六十六条的规定定罪处罚。

《最高人民法院、最高人民检察院关于办理诈骗刑事案件具体应用法律若干问题的解释》

第一条第一款　诈骗公私财物价值三千元至一万元以上、三万元至十万元以上、五十万元以上的，应当分别认定为刑法第二百六十六条规定的“数额较大”“数额巨大”“数额特别巨大”。

174. 生产、销售伪劣商品犯罪报案时必须提供哪些证据？

答：生产、销售伪劣商品犯罪报案证据清单如下：

(1) 书面报案材料或如实陈述案发经过；

(2) 单位报案的要提供书面报案材料，并加盖公章；

(3) 提供伪劣产品的实物或照片、产品说明书、产品质量标准、假生产许可证、产销合同、生产计划书等物证和书证；

(4) 提供合格产品的实物或照片、产品说明书、产品质量标准等书证；

（5）犯罪嫌疑人（单位）使用的证明文件，生产、销售伪劣产品的地点、数量、价值、销售去向；

（6）可能的话提供权威部门的鉴定结论。

本罪起点：销售金额50000元以上。

【法律依据】

《中华人民共和国刑法》

第一百四十条　生产者、销售者在产品中掺杂、掺假，以假充真，以次充好或者以不合格产品冒充合格产品，销售金额五万元以上不满二十万元的，处二年以下有期徒刑或者拘役，并处或者单处销售金额百分之五十以上二倍以下罚金；销售金额二十万元以上不满五十万元的，处二年以上七年以下有期徒刑，并处销售金额百分之五十以上二倍以下罚金；销售金额五十万元以上不满二百万元的，处七年以上有期徒刑，并处销售金额百分之五十以上二倍以下罚金；销售金额二百万元以上的，处十五年有期徒刑或者无期徒刑，并处销售金额百分之五十以上二倍以下罚金或者没收财产。

第一百四十九条　生产、销售本节第一百四十一条至第一百四十八条所列产品，不构成各该条规定的犯罪，但是销售金额在五万元以上的，依照本节第一百四十条的规定定罪处罚。

生产、销售本节第一百四十一条至第一百四十八条所列产品，构成各该条规定的犯罪，同时又构成本节第一百四十条规定之罪的，依照处罚较重的规定定罪处罚。

第一百五十条　单位犯本节第一百四十条至第一百四十八条规定之罪的，对单位判处罚金，并对其直接负责的主管人员和其他直接责任人员，依照各该条的规定处罚。

《中华人民共和国产品质量法》

第四十九条　生产、销售不符合保障人体健康和人身、财产安全的国家标准、行业标准的产品的，责令停止生产、销售，没收违法生产、销售的产品，并处违法生产、销售产品（包括已售出和未售出的产品，下同）货值金额等值以上三倍以下的罚款；有违法所得的，并处没收违法所得；情节严重的，吊销营业执照；构成犯罪的，依法追究刑事责任。

第五十条　在产品中掺杂、掺假，以假充真，以次充好，或者以不合格产品冒充合格产品的，责令停止生产、销售，没收违法生产、销售的产品，并处违法生产、销售产品货值金额百分之五十以上三倍以下的罚款；有违法所得的，并处没收违法所得；情节严重的，吊销营业执照；构成犯罪的，依法追究刑事责任。

175. 虚开增值税专用发票犯罪报案时必须提供哪些证据？

答：虚开增值税专用发票犯罪报案证据清单如下：

（1）书面报案材料或如实陈述犯罪嫌疑人的犯罪事实；

（2）单位报案的应提供书面报案材料，并加盖公章；

（3）犯罪嫌疑人（单位）的基本情况、纳税人性质；

（4）提供虚开的增值税专用发票的发票联、抵扣联或存根联、记账联，如无则提供发票号码或开票单位、受票单位名称；

（5）虚开增值税专用发票的份数、税额；

（6）涉及虚开增值税专用发票的记账凭证、税务申报资料。

本罪起点：虚开的税款数额在10000元以上或者虚开增值税专用发票致使国家税款被骗数额在5000元以上的。

【法律依据】

《中华人民共和国刑法》

第二百零五条第一款　虚开增值税专用发票或者虚开用于骗取出口退税、抵扣税款的其他发票的，处三年以下有期徒刑或者拘役，并处二万元以上二十万元以下罚金；虚开的税款数额较大或者有其他严重情节的，处三年以上十年以下有期徒刑，并处五万元以上五十万元以下罚金；虚开的税款数额巨大或者有其他特别严重情节的，处十年以上有期徒刑或者无期徒刑，并处五万元以上五十万元以下罚金或者没收财产。

第三款　单位犯本条规定之罪的，对单位判处罚金，并对其直接负责的主管人员和其他直接责任人员，处三年以下有期徒刑或者拘役；虚开的税款数额较大或者有其他严重情节的，处三年以上十年以下有期徒刑；虚开的税款数额巨大或者有其他特别严重情节的，处十年以上有期徒刑或者无期徒刑。

第四款 虚开增值税专用发票或者虚开用于骗取出口退税、抵扣税款的其他发票，是指有为他人虚开、为自己虚开、让他人为自己虚开、介绍他人虚开行为之一的。

国家税务总局转发《最高人民法院关于适用〈全国人民代表大会常务委员会关于惩治虚开、伪造和非法出售增值税专用发票犯罪的决定〉的若干问题的解释》的通知

一、虚开税款数额1万元以上的或者虚开增值税专用发票致使国家税款被骗取5000元以上的，应当依法定罪处罚。

176. 假冒注册商标犯罪报案时必须提供哪些证据?

答：假冒注册商标犯罪报案证据清单如下：

(1) 书面报案材料或如实陈述案发经过；

(2) 单位报案的应提供书面报案材料，并加盖公章；

(3) 犯罪嫌疑人（单位）的基本情况；

(4) 提供注册商标证书及商标合法有效性的相关材料；

(5) 真实的注册商标商品样品或照片；

(6) 涉嫌假冒注册商标商品的样品或照片；

(7) 提供已知假冒注册商标商品的数量、数额依据；

(8) 尽可能提供假冒注册商标的鉴定结论。

本罪起点：

(1) 非法经营数额在50000元以上或者违法所得数额在30000元以上的；

(2) 假冒两种以上注册商标，非法经营数额在30000元以上或者违法所得数额在20000元以上的；

(3) 其他情节严重的情形。

【法律依据】

《中华人民共和国刑法》

第二百一十三条 未经注册商标所有人许可，在同一种商品上使用与其注册商标相同的商标，情节严重的，处三年以下有期徒刑或者拘役，并处或者单处罚金；情节特别严重的，处三年以上七年以下有期徒刑，并处罚金。

第二百二十条　单位犯本节第二百一十三条至第二百一十九条规定之罪的，对单位判处罚金，并对其直接负责的主管人员和其他直接责任人员，依照本节各该条的规定处罚。

《最高人民法院、最高人民检察院关于办理侵犯知识产权刑事案件具体应用法律若干问题的解释》

第一条　未经注册商标所有人许可，在同一种商品上使用与其注册商标相同的商标，具有下列情形之一的，属于刑法第二百一十三条规定的“情节严重”，应当以假冒注册商标罪判处三年以下有期徒刑或者拘役，并处或者单处罚金：

（一）非法经营数额在五万元以上或者违法所得数额在三万元以上的；

（二）假冒两种以上注册商标，非法经营数额在三万元以上或者违法所得数额在二万元以上的；

（三）其他情节严重的情形。

具有下列情形之一的，属于刑法第二百一十三条规定的“情节特别严重”，应当以假冒注册商标罪判处三年以上七年以下有期徒刑，并处罚金：

（一）非法经营数额在二十五万元以上或者违法所得数额在十五万元以上的；

（二）假冒两种以上注册商标，非法经营数额在十五万元以上或者违法所得数额在十万元以上的；

（三）其他情节特别严重的情形。

177. 保险诈骗犯罪报案时必须提供哪些证据？

答：保险诈骗犯罪报案证据清单如下：

（1）书面报案材料并加盖单位公章；

（2）签订的保险合同原件或复印件；

（3）犯罪嫌疑人（单位）的基本情况；

（4）索赔申请材料；

（5）已支付的保险金相关凭证；

（6）保险事故调查报告；

(7) 证明行为人保险诈骗行为的证据。

本罪起点：个人 10000 元以上；单位 50000 元以上。

【法律依据】

《中华人民共和国刑法》

第一百九十八条　有下列情形之一，进行保险诈骗活动，数额较大的，处五年以下有期徒刑或者拘役，并处一万元以上十万元以下罚金；数额巨大或者有其他严重情节的，处五年以上十年以下有期徒刑，并处二万元以上二十万元以下罚金；数额特别巨大或者有其他特别严重情节的，处十年以上有期徒刑，并处二万元以上十万元以下罚金或者没收财产：

(一) 投保人故意虚构保险标的，骗取保险金的；

(二) 投保人、被保险人或者受益人对发生的保险事故编造虚假的原因或者夸大损失的程度，骗取保险金的；

(三) 投保人、被保险人或者受益人编造未曾发生的保险事故，骗取保险金的；

(四) 投保人、被保险人故意造成财产损失的保险事故，骗取保险金的；

(五) 投保人、受益人故意造成被保险人死亡、伤残或者疾病，骗取保险金的。

有前款第四项、第五项所列行为，同时构成其他犯罪的，依照数罪并罚的规定处罚。

单位犯第一款罪的，对单位判处罚金，并对其直接负责的主管人员和其他直接责任人员，处五年以下有期徒刑或者拘役；数额巨大或者有其他严重情节的，处五年以上十年以下有期徒刑；数额特别巨大或者有其他特别严重情节的，处十年以上有期徒刑。

保险事故的鉴定人、证明人、财产评估人故意提供虚假的证明文件，为他人诈骗提供条件的，以保险诈骗的共犯论处。

178. 逃税犯罪报案时必须提供哪些证据？

答：逃税犯罪报案证据清单如下：

（1）书面报案材料或如实陈述犯罪嫌疑人的犯罪事实；

（2）单位报案的要提供书面报案材料并加盖公章；

（3）犯罪嫌疑人（单位）的工商营业执照、税务登记资料的原件或复印件；

（4）伪造、变造、隐匿的账册、记账凭证、票据、假产品入库单等书证的原件或复印件；

（5）偷逃税款的数额。

本罪起点：

（1）纳税人采取欺骗、隐瞒手段进行虚假纳税申报或者不申报，逃避缴纳税款，数额在50000元以上并且占各税种应纳税总额10%以上，经税务机关依法下达追缴通知后，不补缴应纳税款、不缴纳滞纳金或者不接受行政处罚的；

（2）纳税人五年内因逃避缴纳税款受过刑事处罚或者被税务机关给予二次以上行政处罚，又逃避缴纳税款，数额在50000元以上并且占各税种应纳税总额10%以上的；

（3）扣缴义务人采取欺骗、隐瞒手段，不缴或者少缴已扣、已收税款，数额在50000元以上的。

【法律依据】

《中华人民共和国刑法》

第二百零一条　纳税人采取欺骗、隐瞒手段进行虚假纳税申报或者不申报，逃避缴纳税款数额较大并且占应纳税额百分之十以上的，处三年以下有期徒刑或者拘役，并处罚金；数额巨大并且占应纳税额百分之三十以上的，处三年以上七年以下有期徒刑，并处罚金。

扣缴义务人采取前款所列手段，不缴或者少缴已扣、已收税款，数额较大的，依照前款的规定处罚。

对多次实施前两款行为，未经处理的，按照累计数额计算。

有第一款行为，经税务机关依法下达追缴通知后，补缴应纳税款，缴纳滞纳金，已受行政处罚的，不予追究刑事责任；但是，五年内因逃避缴纳税款受过刑事处罚或者被税务机关给予二次以上行政处罚的除外。

《最高人民检察院、公安部关于公安机关管辖的刑事案件立案追诉标准的规定（二）》

第五十七条　［逃税案（刑法第二百零一条）］逃避缴纳税款，涉嫌下列情形之一的，应予立案追诉：

（一）纳税人采取欺骗、隐瞒手段进行虚假纳税申报或者不申报，逃避缴纳税款，数额在五万元以上并且占各税种应纳税总额百分之十以上，经税务机关依法下达追缴通知后，不补缴应纳税款、不缴纳滞纳金或者不接受行政处罚的；

（二）纳税人五年内因逃避缴纳税款受过刑事处罚或者被税务机关给予二次以上行政处罚，又逃避缴纳税款，数额在五万元以上并且占各税种应纳税总额百分之十以上的；

（三）扣缴义务人采取欺骗、隐瞒手段，不缴或者少缴已扣、已收税款，数额在五万元以上的。

纳税人在公安机关立案后再补缴应纳税款、缴纳滞纳金或者接受行政处罚的，不影响刑事责任的追究。

179. 非国家机关工作人员受贿犯罪报案时必须提供哪些证据？

答：非国家机关工作人员受贿犯罪报案证据清单如下：

（1）书面报案材料或如实讲述案发经过；

（2）单位报案的应提供书面报案材料并加盖公章；

（3）当事人陈述详细经过的书面材料；

（4）犯罪嫌疑人的基本情况、职务证明；

（5）受贿数额及相关的书面证据；

（6）受贿后为他人谋取何种利益以及给公司、企业造成的影响。

本罪起点：5000元以上。

【法律依据】

《中华人民共和国刑法》

第一百六十三条　公司、企业或者其他单位的工作人员利用职务上的便利，索取他人财物或者非法收受他人财物，为他人谋取利益，数额较大的，处五年以下有期徒刑或者拘役；数额巨大的，处五年以上有期徒刑，可以并处没收财产。

公司、企业或者其他单位的工作人员在经济往来中，利用职务上的便利，违反国家规定，收受各种名义的回扣、手续费，归个人所有的，依照前款的规定处罚。

《最高人民法院关于办理违反公司法受贿、侵占、挪用等刑事案件适用法律若干问题的解释》

一、实施《决定》第九条规定的行为，索取或者收受贿赂五千元至二万元以上的，属于“数额较大”；索取或者收受贿赂十万元以上的，属于“数额巨大”。

180. 非法吸收公众存款犯罪报案时必须提供哪些证据?

答：非法吸收公众存款犯罪报案证据清单如下：

（1）书面报案材料或如实陈述案发经过；

（2）存款凭证、记账凭证、宣传单、广告、说明书等书证；

（3）存款人已取得的资金凭证、尚未取得应得资金的相关凭证；

（4）犯罪嫌疑人吸收公众存款后的资金去向。

本罪起点：

（1）个人非法吸收或者变相吸收公众存款数额在 20 万元以上的，单位非法吸收或者变相吸收公众存款数额在 100 万元以上的；

（2）个人非法吸收或者变相吸收公众存款 30 户以上的，单位非法吸收或者变相吸收公众存款 150 户以上的；

（3）个人非法吸收或者变相吸收公众存款给存款人造成直接经济损失数额在 10 万元以上的，单位非法吸收或者变相吸收公众存款给存款人造成直接经济损失数额在 50 万元以上的；

（4）造成恶劣社会影响；

（5）其他扰乱金融秩序情节严重的情形。

【法律依据】

《中华人民共和国刑法》

第一百七十六条　非法吸收公众存款或者变相吸收公众存款，扰乱金融秩序的，处三年以下有期徒刑或者拘役，并处或者单处二万元以上二十万元以下罚金；数额巨大或者有其他严重情节的，处三年以上十年以下有期徒刑，并处五万元以上五十万元以下罚金。

单位犯前款罪的，对单位判处罚金，并对其直接负责的主管人员和其他直接责任人员，依照前款的规定处罚。

《最高人民检察院、公安部关于公安机关管辖的刑事案件立案追诉标准的规定（二）》

第二十八条　［非法吸收公众存款案（刑法第一百七十六条）］

非法吸收公众存款或者变相吸收公众存款，扰乱金融秩序，涉嫌下列情形之一的，应予立案追诉：

（一）个人非法吸收或者变相吸收公众存款数额在二十万元以上的，单位非法吸收或者变相吸收公众存款数额在一百万元以上的；

（二）个人非法吸收或者变相吸收公众存款三十户以上的，单位非法吸收或者变相吸收公众存款一百五十户以上的；

（三）个人非法吸收或者变相吸收公众存款给存款人造成直接经济损失数额在十万元以上的，单位非法吸收或者变相吸收公众存款给存款人造成直接经济损失数额在五十万元以上的；

（四）造成恶劣社会影响的；

（五）其他扰乱金融秩序情节严重的情形。

后　记

本书就企业运行发展和经营管理各个环节常见的法律问题以生动活泼的问答形式加以演绎解答，力争达到浅显易懂的效果，让使用者知道什么是在法律允许的范围内运营，同时也利于中小微企业维权。

书中问答以现行法律为基础，问答后附上相关的法律依据，若法律法规发生变化，以新的法律法规为准。

本书由河北省工业和信息厅政策法规处委托编写，河北省社科联王新明主持编写，刘嘉芬律师、康甲律师专业编写。本书的编写得到中国人民大学法学院河北校友会法律应用中心、北京企业投融资法律风险研究中心主任高剑飞、副主任赵英良，河北和融兴律师事务所主任韩拥政、常宏钊律师，河北经贸大学法学院副院长王立军、任成印教授，石家庄市地税局李军等同志的大力支持与帮助，在此一并表示感谢。

感谢河北省社会科学界联合会科普处的资助与支持。

感谢河北大学出版社的同志们，非常的认真严谨，身体力行地在做着法律的普及工作。

作　者